U0835589

21世纪立体化中等职业学校规划教材

财经系列

新编收银实务

于坤 唱哲 主编

魏青 林冬梅 潘凯 副主编

電子工業出版社

Publishing House of Electronics Industry

北京 · BEIJING

内容简介

本书是中等职业教育国家规划教材配套教学用书，是为满足中等职业学校人才培养和全面素质教育的需要，并结合现代收银工作的最新技术而编写的。

本书分为收银概述、收银机构设置与工作要求、收银员基本技能、收银台工作程序、主要收银业务操作、退换货业务操作、资金与设备管理和收银员礼仪8个项目。

本书既可以作为中等职业学校的财会专业教材，也可以作为经济类、管理类专业的工具书，还可以作为财会专业短期培训用书。

图书在版编目（CIP）数据

新编收银实务／于坤，唱哲主编．—北京：电子工业出版社，2011.7
21世纪立体化中等职业学校规划教材．财经系列
ISBN 978-7-121-14039-6

Ⅰ.①新…　Ⅱ.①于…　②唱…　Ⅲ.①商业服务-中等专业学校-教材　Ⅳ.①F718

中国版本图书馆CIP数据核字（2011）第132408号

策划编辑：徐　玲
责任编辑：郝黎明　　特约编辑：胡伟卷
印　　刷：北京七彩京通数码快印有限公司
装　　订：北京七彩京通数码快印有限公司
出版发行：电子工业出版社
　　　　　北京市海淀区万寿路173信箱　邮编100036
开　　本：787×1 092　1/16　印张：9.25　字数：230.9千字
版　　次：2011年7月第1版
印　　次：2017年7月第3次印刷
定　　价：24.00元（含光盘1张）

凡所购买电子工业出版社图书有缺损问题，请向购买书店调换。若书店售缺，请与本社发行部联系，联系及邮购电话：（010）88254888，88258888。

质量投诉请发邮件至zlts@phei.com.cn，盗版侵权举报请发邮件至dbqq@phei.com.cn。

本书咨询联系方式：电话010-62017651；邮箱fservice@vip.163.com；QQ群427695338；微信DZFW18310186571。

前　言

收银工作是随着现代零售业的繁荣发展和现代化收银手段的应用而逐步发展和独立出来的一个新的工作岗位和职业，是近年来职校生的一条就业新渠道。

本书紧紧围绕收银岗位的工作需要，阐述了从事收银工作必须具备的基本知识、基本礼仪、基本技能和主要收银业务的操作方法，以培养学生从事收银及相关工作的综合职业能力。本书是21世纪立体化中等职业学校规划教材——作为全国中等职业学校财经类教材，它力求体现职业教育的特色，以能力为本位，以学生为主体，以就业为导向，培养学生的实践能力，提高学生的操作技能。

本书具有以下特色。

1. 体系简明。本书共设8个项目，层层推进，结构严谨，各任务内容既相互独立又相互联系。

2. 内容丰富。本书包括收银工作的各个方面，重点突出，同时注重相关知识的融会贯通。

3. 知识新颖。借鉴先进的理论知识，以最新的法规制度为指导。

4. 重视能力。在掌握理论知识的基础上，强调提高实际操作能力。

本书编排形式新颖活泼、图文并茂，结合教材内容，编者还穿插了“小故事”、“小资料”、“注意”、“提示”、“案例”等小模块，增强了教材的趣味性和可读性，以适应职业学校学生的学习特点。

本书由于坤、唱哲担任主编，魏青、林冬梅、潘凯担任副主编。具体的编写分工如下：项目一由于坤编写，项目二由唱哲编写，项目三由潘凯编写，项目四由林冬梅编写，项目五由杨淑敏编写，项目六由魏青编写，项目七由孙丽君编写，项目八由宦宝玲编写。此外，参加编写的还有蒋巍、包相贵、薛秀娟、于露、杜春明、王飞。本书视频由杨淑敏等制作，电子教案由王喜艳、张丽梅制作，光盘由许振伍、周如意制作。全书最后由于坤统稿，林冬梅整理格式。

本书在编写过程中受到了电子工业出版社相关编辑的指导，得到了吉林通化职教中心、潍坊第一职业中专、郑州技师学院领导的大力支持，在此一并表示感谢。由于编者水平有限，书中如有不当之处，敬请读者批评指正。

编　者

目　录

项目一 收银概述

学习目标

通过本项目内容的学习，要求了解收银的产生与发展、收银工作的性质与作用、收银工作的组成要素及收银工作系统；掌握收银工作的主要业务、POS 系统的构成及电子收款机的应用并熟练操作。

项目重点

收银工作的业务范畴及电子收款机的实际操作。

工作任务一　收银的产生与发展

一、收银的产生与发展

在商品经济社会里，货币成为交换的手段，任何经济组织的经济活动都毫无例外地要通过货币资金的收付结算来完成。收银作为一种商业活动，是随着商品与货币的出现而逐渐产生的，随着商业活动的发展而发展。当人们在商场购买商品时，就要支付货款，而商场销售商品就要收取货款。在商业活动中，这个收取货款的过程就是最早的收银活动的雏形。随着商品货币经济的发展，商品交换的规模越来越大，为了加强经营管理，就必须实行较为细致的商业分工，于是出现了专门负责收取钱币的人员，店内同时设立钱柜和货柜两种柜台，实行钱货分开管理——钱柜专门负责收取银钱。在今天看来，这就是当时的收银台，钱柜的伙计就是当时的收银员。这样，收银工作就慢慢地发展成为商业活动中的一项专门的工作。

在我国从宋朝时开始就以白银作为主要货币，一直流通至 20 世纪 30 年代，所以后来人们仍习惯把收取钱款称作收银。但是，随着社会、货币经济的发展和货币形式的变化，收银一词的内涵变得更加丰富。随着我国社会主义市场经济的日趋繁荣，人们的商业活动规模、范围不断扩大，货币流通速度逐步加快，支付手段已不再是单一的现金货币，出现了大量携带和使用极为方便的各种银行信用卡等电子货币。收银工作方式也不再是传统的手工操作，取而代之的是现代化、高效率的电子收银机操作。银行信用卡和电子收银机的使用，不仅大大地加快了流通领域的货币流通速度，而且使人类的生产活动和商业活动变得更加方便快捷，更加现代化。

二、收银的含义

收银一词中的“银”是指货币，而在日常生活中人们又往往把货币称作钱、款，因此，收银即收款，通俗地说就是收钱。

工作任务二　收银工作的性质与作用

一、收银工作的性质

收银工作有广义和狭义之分。广义的收银工作包括收银员、总收款室人员、收银主管、收银班（组）长以及收银监察主管和收银监察员等所从事的工作；狭义的收银工作是指收银台所从事的收款工作。一般情况下所讲的收银工作是指狭义的收银工作。收银现场如图 1.1 所示。

图 1.1　收银现场

收银工作是出纳工作的重要组成部分，是出纳工作环节中设在营业场所第一线的、负责收取营业资金的专门工作。收银工作与出纳工作的主要区别在于收银工作只负责货币资金的收入，而不负责货币资金的支付，其工作过程主要是收入、保管、清点、核对以及上交，不设置账户进行核算。

二、收银工作的作用

随着我国改革开放和社会主义市场经济的蓬勃发展，商品经济日趋繁荣，城乡居民生活水平不断提高，消费水平也随之提高。因此，做好收银工作对保护货币资金的安全、促进经济的发展有十分重要的作用。

1. 保护货币资金的安全

货币资金是企业一项重要的流动资金，是企业资金的重要组成部分。因此，保护货币资产的安全与完整，是预防企业财产损失和保护企业经营成果的重要环节。收银工作是企业经济活动的前哨，肩负着收取和保护货币资金的重要使命，应加强管理，防止差错，防止丢失和被盗，切实保护好企业货币资金的安全与完整。

2. 树立企业的良好形象

收银台是企业的一个窗口，收银工作质量的好坏直接影响着企业的形象。因此，让每一位顾客满意是收银工作的服务宗旨。这就要求每一位收银员树立服务思想，增强服务意识，进行微笑服务、热情服务，准确无误地收取钱币，提高收银工作的效率和质量，最大限度地树立企业的良好形象。

3. 提高企业的经济效益

收银工作担负着各项货币资金和有价证券的收取任务，是企业经济活动的第一道“关卡”。收银工作做好了，企业的经营活动就能够正常运转，提高企业的经济效益。反之，收银工作一旦出了问题，货币资金收取不及时，就会直接影响企业的正常经营周转，最终影响企业经济效益的实现。

三、收银工作的主要业务

（一）收银业务

1. 现金收银业务

现金收银业务是商场和超市等商业场所收银工作中业务量最大的。因为目前在商业零售中，商品销售单笔业务成交量比较小，交易额数量不大，顾客使用现金付款比较方便，所以目前在商场和超市等商业场所，顾客大多以现金付款为主。

现金收银业务的操作程序主要包括收款（见图 1.2）、验钞、打单和找零等几个环节。收款时，收银员根据顾客交来的购物小票（销售凭证），正确输入电子收银机（超市根据商品条码扫描输入机器中），计算出顾客的应交款金额。收取现金的同时应检验钞票的真伪。钞票检验无误后打印销售发票或销售清单，然后把顾客多交的现金找零，并连同销售发票或销售清单一同交给顾客。

图 1.2　收款

2. 银行卡收银业务

由于银行卡有着使用安全、携带方便、购物优惠等诸多优点，所以持银行信用卡消费的顾客越来越多。目前，银行卡收款业务在商业零售业的收银业务中占据第二位。

银行卡收银业务的操作程序（见图 1.3）主要包括收验卡证、刷卡、签单、打单和退卡证等几个环节。当顾客持银行信用卡交款时，收银员首先审核信用卡，同时让顾客出示有效证件，核对身份，确认无误后进行刷卡。刷卡后将信用卡结算清单交给顾客签字，同时打印销售发票或销售清单。最后，将卡、证、票一同交给顾客。

3. 支票收银业务

支票收银业务数量不多，但每笔业务金额较大，一般是具有银行账户的顾客或团体购买行为所采用的消费方式。收银员办理支票收银业务时，应重点审验支票的印鉴和顾客所持的身份证等有效证件，并留下购货单位的联系电话，以备银行退票或有其他情况时及时联系。

图 1.3　银行卡收银

支票收银业务的操作程序主要包括支票审核、证件审验、支票填写、打印小票、开具发票等几个环节。

4. 优惠券收银业务

优惠券是商场和超市等零售企业所采取的主要促销方式。有些优惠券是商家专门为老顾客及经常大宗购物的社会团体而发行的——大部分优惠券是商家发送给顾客的。一般节假日期间持优惠券购物的人较多。

优惠券收银业务的操作程序主要包括收券、计算折扣、补收现金、打单和找零等几个环节。

5. 会员卡收银业务

会员卡通常有两种方式：一种是顾客购物金额达到商家所规定的消费金额时商家免费赠送的；另一种是顾客自愿成为某商家的会员，然后持有效证件到实行会员制的商家去办理而得到的。会员卡有的分为金卡和银卡，有的分为主卡和副卡。现在许多大型商场和超市都实行会员制的经营方式，顾客持会员卡购物时可享受一定的优惠政策。会员卡收银业务是与上述几种收银业务同时进行的。

（二）资金管理与上交业务

收银台每天收取大量的现金，必须加强资金管理，以保证资金安全。每日下班前，收银员要将当天收取的营业资金清点准确，捆扎整齐，连同交款凭证一同交到总收款室。

（三）凭证填制与装订业务

凭证的填制与装订也属于收银工作的一项重要业务。凭证的填制包括填开发票、填写交款单等；凭证的装订业务主要是将每天的收银小票等凭证进行装订整理，然后上交总收款室。

工作任务三　收银工作的组成要素

一、收银员

（一）收银员的含义

收银员同收银工作一样也有广义和狭义之分。广义的收银员包括收银员、总收款室人员、收银主管、收银班(组)长以及收银监管主管和收银监察员等所有从事有关收银工作的人员。狭义的收银员仅指在各收银台从事收款工作的人员,即收银员。本书所讲的均是狭义的收银员。

收银员是指在商品零售企业从事面向顾客收取现金(含现钞、支票、各种金融支付卡等)工作的人员。

从性质上来说,收银员是财务部门的出纳岗位派往营业第一线收取货币资金的人员。

收银员与财务部门的专职出纳人员有很多相同之处。收银员的主要工作是办理货币资金和有价证券的收入,同时保证自己经手的货币资金和有价证券安全与完整。收银员也要填制和审核许多原始凭证,并且直接与货币打交道。因此,收银员除了要有过硬的出纳业务知识和技能外,还必须具备良好的财经纪律素质和职业道德修养。收银员与专职出纳人员的不同之处是,收银员一般工作在商业活动的第一线,各种货币资金的收入通常是由他们交给专职出纳的。另外,收银员的工作过程是收入、保管、核对和上交,不负责货币资金的支付,不专门设置账户进行核算,所以只能说收银员是会计机构的派出人员,而不是出纳人员。

议一议

收银员和出纳员有什么不同?

(二)收银员的任职资格

① 具有中专以上学历。
② 思想素质好,认真细致,责任心强。
③ 有一定的财务会计知识。
④ 熟练掌握收银业务的操作技能。
⑤ 了解公司与商场、超市有关的各项规章制度。
⑥ 具备较好的服务、服从和协作意识。
⑦ 具备一定的计算机操作知识。
⑧ 具有识别假钞和鉴别支票真伪的能力。

(三)收银员的职业道德

1. 爱岗敬业、尽职尽责

爱岗敬业、尽职尽责,就是要热爱本职工作,维护职业尊严,忠于职守,坚持原则。在业务上应精益求精,尽自己的责任和义务做好本职工作。

2. 公私分明、奉公守法

收银员要加强学习,不断提高自身的修养,具有良好的思想品质。工作中要正确运用手中的权力,坚持原则,遵守制度,收好钱物,管好资金,禁止利用工作之便牟取私利,保证货币资金的安全。

3. 通力协作、热诚服务

收银工作是企业的一个窗口,收银员在日常工作中一方面要处理好收银员内部之间、收银员与班(组)长之间的关系,另一方面要处理好与顾客之间的关系。在工作中要以大局为重,自觉地把国家利益和集体利益与本职工作有机地结合起来,做到局部服从全局,眼前服从长远,个人服从集体;创造宽松的工作环境,构建和谐的工作关系。

收银员在工作中要热诚服务,服务质量的好坏直接影响着企业的形象。因此,要增强服务意识,时刻牢记"顾客就是上帝"的服务宗旨,顾客的满意就是自己的追求,做到满腔热情地对待本职工作,全心全意地为顾客服务。

4. 诚实守信、保守秘密

诚实守信、保守秘密,是收银员必须坚持的一条重要的职业道德规范。

收银员一定要做到诚实守信,保守企业机密——对持有的涉密文件应妥善保管;未经企业授权或批准,不得将涉密文件自行复印、带出办公区域以及对外提供;未经许可不得超越权限查看企业的文件及计算机中的有关信息;对违反企业制度的行为有责任及时举报给企业的有关部门。

5. 恪尽职守、勇于献身

收银员工作时一定要认真细致,扎扎实实,切不可麻痹大意;务必做到对所收款项清点清楚;现金、支票及重要票据不随处乱放,搞好资金管理;养成良好的工作习惯。

收银员要时刻保持职业的警惕性。在国家和集体财产受到损害时,要有敢于同犯罪嫌疑人做斗争的勇气,恪尽职守,勇于献身,保护好国家和集体的财产安全。

6. 勤于学习、提高技能

收银员要不断学习岗位技术知识,提高操作技能,认真研究工作中的新情况,解决工作中的问题。

(四) 收银员的工作内容

1. 收银设备的日常管理与用前调试

在日常工作中,要做好收银设备的清洁、维护等管理工作。每天开业以前,应进行收款前的设备调试与检测:检查电子收银机各部分线路是否连通,外用设备是否正常连接;分别打开 UPS 电源开关、收银机外显示器、主机电源,保证一切收银工作设备的正常运转。然后,以良好的精神面貌进入准备工作状态。

2. 现金、支票等营业资金的收取与上缴

根据顾客交来的、核对无误的销售凭证进行收款操作(超市收银员凭顾客选购的商品进行扫描操作),正确办理现金、支票、银行信用卡、优惠券等各项资金及有价证券的收款业务,并要做到收款及时、清点准确、唱收唱付、一丝不苟。每天下班时将所收资金核对准确,及时上交。

3. 资金、发票及印章的管理与保护

保护所收资金和所用发票、印章的安全与完整。资金、发票和印章事关企业的利益,工作中应加强管理,不得随处乱放。所收款项及时分类放入钱箱,发票、印章放在规定的位置;一旦临时离开收银台,应将资金、发票、印章分别锁好,严防丢失、被盗和损毁。

4. 零用现金及办公用品的领取与管理

每天于营业前检查所需零钱、发票及办公用品是否够用,及时领取所需物品。零币不够用时及时找班(组)长兑换;发票用完时到总收款室登记,在发票零用登记簿上登记注销已用完的发票并签字领用新的发票;对于急需的办公用品应及时报告班(组)长领取。

5. 收款凭证和各种表单的装订与上交

收银员每天下班以前,要认真将销售凭证的记账联、开具的发票留存联等原始凭证装订好,连同当日收取的货币资金一并交到总收款室,结清当日账务。

二、收银岗位

收银岗位是指收银员工作所在的收银台。收银台又称收款台,是百货商场、超级市场等零售企业设在营业大厅内供收银员收取营业资金的工作台,也可以说是会计部门设置在营业第一线的工作岗。收银台设置的数量一般应根据营业场所的经营规模而定。收银台的配置尽管各商家不尽相同,但形式上却大同小异,基本上是由工作台围成的半封闭式的小工作间。收银台内的主要设备就是电子收银机,还有其他一些辅助设备以及收银工作所需的办公用品。

尽管有人习惯把收银台叫收款台,但现在的收银台却不同于传统意义上的收款台。在现代化的电子收银机应用以前,收款台完全依靠人工进行收款操作。那时的收款台是一个极其简单的半封闭的工作台,主要的收款工具就是一个算盘、一本发票或收据以及一个盖章用的印台等办公用品。随着电子信息技术的快速发展,电子收银机已广泛用于各商场、超市等零售企业的收银工作中,加之国外现代经营方式的超级市场在我国的出现,更加促进了收银工作的现代化。目前,各商场、超市等零售企业内的收银台已经集自动化、智能化于一体,依靠电子收银机组成的POS收银工作系统,不仅可以完成现金、支票、信用卡、优惠券和会员卡等多种结算方式的收款工作,为顾客购物结算提供了方便,而且极大地提高了收银员的工作效率,有效减少了顾客交款的等候时间。

一般来说,大型的商场和超级市场由于每天的营业额较大,每个收银台可配两名收银员;经营规模较小的商业场所,每个收银台通常只配一名收银员;小型超市一般在超市的出入口两侧各设一个收银台,每个收银台配一名或两名收银员均可。

凡收银台配备两名收银员的,应实行岗位责任制,应对每位收银员的工作进行明确分工,使每一项收银的具体工作均有人负责,每一位收银员都有明确的职责。收银员的具体分工应从管理要求和工作便利等方面综合考虑。例如,超级市场的收银工作,收银台配备两名收银员,则其中一人负责收款,另一人负责核对小票和商品是否相符,确定准确无误后再将商品入袋交给顾客。

三、收银场所

收银场所是指设立收银岗位、配备专职收银人员从事收银活动的各营业场所,包括商业、医药、旅游、餐饮、宾馆和娱乐业等。本书所述的收银场所主要是指从事商品经营的零售业态,包括百货商店、超级市场和连锁超市。收银场所如图1.4所示。

图 1.4 收银场所

四、收银工作系统

收银工作系统是指以电子收银机、条码扫描器和后台计算机为主要设备,从事收银及营销管理的一种电子信息工作系统。

(一) POS 系统

目前,各主要零售业态的收银工作系统均采用先进的 POS 系统。

POS 系统是以后台计算机、商品编码和条码为基础,以电子收银机和条码扫描器为前台工具,配合其他电子设备(如磁卡阅读器、IC 卡阅读器)所构成的一个系统。该系统通过对商品销售的所有信息进行输入、加工、整理、分析、传递和反馈,不仅能够实现收银工作的现代化,而且能够实现零售业态营销管理的现代化。

POS 系统的主要构件是电子收银机、收款软件和后台计算机三部分。

(二) 电子收银机

1. 电子收银机的产生

电子收银机是微电子技术、机械技术的发展与现代化商品流通的管理理念相结合的产物,是现代化、自动化的商业经营与管理必不可少的电子设备之一。

世界上最早的收银机是由美国的詹敏斯 · 利迪和约翰 · 利迪兄弟在 1879 年制造的,其功能只能实现营业记录备忘和监督雇用人员的不轨行为。到 20 世纪 60 年代后期,随着电子技术的飞速发展,日本率先研制成功了电子收银机(ECR)。电子收银机的发明具有划时代的意义,其技术性能和商业功能远远超过了原型的机械结构式收银机,具有智能化、网络化等多功能的特点,成为在商业营销上进行劳务管理、会计财务管理与商品管理的有效工具和手段。到 20 世纪 80 年代中期,功能强劲的商业专用终端系统(POS)的产生,成为第三代电子收银机。POS 与 ECR 的最大区别在于它具有直接、即时入账的特点,有着很强的网络实时处理能力。POS 将计算机硬件和软件集成,形成了一个智能型的、既可独立工作也可在网络环境下工作的商业工作站。

2. 电子收银机的分类

(1) 按电子收银机的发展过程及其功能分类

第一类电子收银机。零售业态中最早出现的用于收取货款的电子收银机被称为第一类电子收银机(简称一类机),即早期单纯收款型的电子收银机。

第二类电子收银机。第二类电子收银机(简称二类机)比第一类电子收银机有了很大改进与发展,具备了通信功能和通信连网能力,能与计算机连网;有收银机附属设备的接口,可用于 POS 系统连网。二类机的程序固化、芯片专用、用户干预程度低,这也是二类机与三类机区分的重要标志。

二类机与一类机相比,其功能强得多,可管理的部门数在 20 个以上,PLU 多于 300 个,单品价格查询数目在 3 000 个以上,具有 4 种以上的结算方式,4 种以上的报表功能,数据暂存后具备调出功能,可连接多种外部设备,如条码扫描仪、票据打印机等。

第三类电子收银机。第三类电子收银机也称作 PC(PC－Base)型收银机或 POS 收银机(简称三类机),它基于 PC 的新一代电子收银机,在二类机信息采集功能的基础上增加了信息处理的能力。这类机诞生于计算机技术、通信技术和机械技术的综合运用,使电子收款机由早期单纯的收款、结账和信息采集工具,发展成为目前多功能的现代信息处理系统工具。

(2) 按电子收银机的用途分类

电子收银机按用途可以分为简单实用型、中档实用型、中档联网型和高档 POS 机。

3. 电子收银机的构成

目前,由于电子收银机的种类很多,不同类型、不同品牌的收银机,其各自构成部件也不尽相同。其中,小型、普通型的电子收银机的结构比较简单,通常为一体机。而 POS 收银机的结构相对较为复杂一些,主要由电子器件和机械部件两类部件组成,共有 6 个组成部分。如图 1.5 所示。

图 1.5　POS 收银机

(1) PC 主机

PC 主机是 PC－POS 收银机的核心部分,主要由主板(中央数据处理器)、存储器(存储信息、数据、程序)两部分构成。商业企业的全部进、销、调、存的经营与管理均在该机上进行。PC 基准的电子收银机,既可以用单机来实现小型商店及单个企业的进、销、调、存的全面管理,也可以连网组成大型商场、购物中心、超级市场、连锁超市的 POS 系统。

(2) 显示器

显示器是 POS 收银机的信息输出设备。POS 收银机配有两个显示器——主显示器与顾客显示器。主显示器即计算机屏幕,主要用于显示商品交易和商品管理信息,是收银工作的视屏窗口。顾客显示器又称 LED 客显,面向顾客,用于收款时显示交易价格、金额等现时数据,用于收银员和顾客之间进行人机对话。

(3) 键盘

键盘是电子收银机的信息输入和功能操作设备,用于输入商品编码、各种数据以及收银机各功能键的操作。收银机键盘有别于一般的计算机键盘,主要功能均与普通键盘不一样。

不同类型的电子收银机，其键盘的组成格式、键位及功能各不相同。POS 收银机的键盘为可编程键盘，出厂时所有键位内容是空白的，可以根据用户的需要用软件进行设置。

（4）电子钱箱

电子钱箱是一个独立的小钱柜，用于放置收银员所收的货币资金，配有电子锁，可与电子收银机相连接。在收银机键盘上，电子钱箱一般由“总计/收款”键连接控制，按下此键后电子钱箱自动打开，箱内分成若干小方格，以方便钞票按不同的面额和币种存放，钱箱内配有夹子将所放钞票压紧。

（5）微型票据打印机

微型票据打印机属于电子收银机的信息输出设备，用于打印销售清单、销售发票和管理存根，一般有针式和热敏式两种。针式打印机噪声大、成本高，但可套打税务发票及多层纸打印；热敏打印机只能打印单层纸且票据不能长期保存，但无噪声、成本低。

（6）外部设备接口

用于连接电子收银机的各种设备，主要有 COM1 ~ COM6、LPT1、RJ－11、RJ－45 网卡接口、条形码扫描接口和电子钱箱连接口等。

4. 电子收银机的外部设备

随着现代电子技术的发展，电子收银机的附件设备主要有以下几种。

（1）打印机

电子收银机除内置打印外，还可连接外置打印机，如餐饮业中所用的厨房打印机和票据打印机以及能够打印商品条形粘贴纸的条码打印机等。

（2）条码扫描仪

条码扫描仪也称条码阅读器，是条形码的读入装置，从外观上可分为 4 种，即笔式、手持式、台式和卡式扫描器；按光源可分为两种，即红外光扫描仪和激光扫描仪。

条码扫描仪属于光电识读设备，用于电子收银机收款时扫描商品的条形码，以便输入商品信息。条码扫描仪是 POS 收银系统中非常重要的设备。当扫描仪将带有条码符号信息输入到计算机时，计算机便从数据中迅速查出该条形码所对应的商品的名称、价格等，经过数据处理后，电子收银机打印出结算清单，并记录每一笔的销售情况。早期的扫描仪连接在收银机的专用接口（如 COM 1 口或 PS 2）上，现在的 POS 收银机与扫描仪的连接，主要是通过 USB 接口或与键盘串联在一起。

（3）磁卡读/写器

磁卡读写器是一种磁记录信号的读出或写入装置，用于将信用卡记录的信息写入收银机。它的种类和型号较多，从磁迹数量上区分为单轨、双轨和三轨 3 种，广泛用于会员卡、储值卡和信用卡的快速识别。

（4）电子秤

现场称重计量商品时，电子称将重量及其数据通过网络传给电子收银机或通过条码电子秤与收银机内部设置相同的条形码打印规则来实现双向自动识别。

（5）调制解调器或网卡

调制解调器，即 MODEM，用于将收银机的数据通过电话线传给计算机；网卡即上网卡，通过网卡可将数据传输给局域网内部的后台计算机中进行数据处理。

(6) 后备电源

后备电源即 UPS,用于断电后由电池直接向收银机供电。

(7) 通信联网接口

其硬件由一组芯片或卡和物理端口组成,其软件由一组程序组成。通信联网接口主要有电子收银机之间通信的接口以及电子收银机与计算机连接的485接口,主要用于第二类收银机及后台计算机的数据连接。第三类POS收银机可由网卡来实现收银机与计算机的数据连接。

5. 电子收银机的作用

(1) 收款迅速、正确

收银员将顾客所购商品的信息输入电子收银机,收银机即可快速、准确地计算出该笔交易金额,并显示出应收款、实收款、找回款(找零)等信息,减少了收银员对交易额的计算时间,提高了收银速度。特别是商品条码技术在前台收银上的应用,使收银速度提高了数倍,减少了单笔交易时间,提高了工作效率,缩短了顾客等待交款的时间。

(2) 适应多种付款方式

电子收银机支持现金、支票、信用卡、外币、优惠券和提货单等付款方式,甚至在同一笔交易中,可以多种方式支付,从而极大地满足了顾客不同层次的需求。

(3) 杜绝舞弊、结账精确

电子收银机的应用使商品交易过程中的钱和物受到了严格的控制。每日营业终了,收银员打印出当日销售日报表,与各营业小组核对,从而做到日清月结,大大地缩短了结账时间,提高了结账的正确性和精确度,能够有效地堵塞管理中的漏洞,从而杜绝舞弊行为。

(4) 为企业经营管理服务

电子收银机作为前台销售终端,不仅能够记录各种销售信息,而且能够记录收银员、营业员的销售业绩及顾客的购物信息,并能够打印多种形式的报表,直接为企业管理服务,有利于提高企业经济效益。

想一想

电子收银机收款与手工收款相比有哪些优点?

(三) 商品编码和条码

1. 商品编码

商品编码俗称"店内码",是指标志商品的一组阿拉伯数字,这组数字被称为代码或编号。商品编码是由零售商自己编制的,所以只能用于自己商店内部商品的自动化管理。

商品编码是代表商品的数字信息。同一商品在不同的经营店内会有不同的编码,而在同一经营店内一种商品则只有一个编码。商品编码的目的,主要是商家为方便计算机对其所经营的商品进行分类管理,通过输入店内唯一的商品编码,电子收银机就可以查询出包含价格、品名、产地、归属类别、库存数量和供应商等商品资料信息。

利用商品编码进行销售，在前台收银上主要是利用收银机键盘手工输入商品编码的输入方式。顾客选好商品后，持营业员填写的销售凭证（又叫交款单、销售小票或售货小票）到收银台去交款，收银员依据顾客交来的销售凭证进行操作，收银机就会显示出该商品的品名、类别、单价等价目信息，计算出销售金额并打印出销售清单（又叫计算机小票或收银小票）或销售发票（凡是实行税控管理、安装了税控打印机的电子收银机，可同时打印销售清单和发票）。

利用商品编码进行销售，具有准确可靠、数据输入速度快、实用性强等优点。一般实行开放式售货的零售业态（如百货商场、购物中心和专卖店等）均采用这种销售方式。

2. 商品条码

商品条码又称商品条形码（见图 1.6），是指由一组粗细不同、平行相邻、黑白或彩色相间的条纹组成，并按一定规则排列的特殊符号。为了便于人们识别条形码所代表的字符，通常在条形码的下部印刷其所代表的数字或专用符号。商品条码是一种商品识别标志，是供光电识读设备（条码扫描仪等）向计算机输入数据的代码。它包含商品的生产国名、制造厂商、产地、名称、销售价格和生产日期等一系列信息。借助光电识读设备可以迅速地将条形码所代表的所有商品信息准确无误地输入电子收银机，并由收银机自动存储、分类排序、统计、打印或显示出来。商品条码一般印在商品包装上或将其制成条码标签附在商品上。对于小批量产品来说，条码也可印在不干胶上张贴。

ISBN 978-7-121-12454-9

9 787121 124549 >

图 1.6　商品条码

当前，商品条码主要有两大系统：一是国际上通用的 EAN 条码，二是通用于美国和加拿大的 UPG 条码。EAN 条码与 UPG 条码可以兼容，它们分属于国际物品编码委员会和美国统一编码委员会。商品条码的代码是按照国际协会（EAN）统一规定的规则编制的，分为标准版和缩短版两种。标准版的商品条码由 13 位条码符号组成，简称为 EAN－13 码。

EAN－13 码的构成如下。

第 1—3 位字符是国别码（前缀码），代表商品的国家或地区。

第 4—7 位字符是厂商码，代表商品的生产厂家。

第 8—12 位字符是产品码，代表商品的代码。

第 13 位字符是校验码，是扫描成功的依据。

实践一下

找几件商品，看一下商品条码。

（四）后台计算机

收银工作系统要能正常运转，必须依靠后台计算机建立起来的商品主档资料。当电子收银机接收了商品编码或条码信息后，就要在后台计算机中寻找商品的主档资料，以辨认商品代码是否正确,如果正确、则接受该商品的售价,并记录下该种商品的销售数量。由此可以看出,后台计算机既是一个商品的信息库,也是对前台电子收银机的控制中心。因此,每一种商品在第一次进入商场或超市等经营业态销售时,一定要依据规定的格式将其基本资料输入后台计算机,然后才可以进行销售。

商品主档资料建立的权利由商品采购人员掌握。当计算机操作人员接到商品采购人员的指令后,才可将商品主档资料内容输入后台计算机。对连锁超市公司来说,商品的主档资料的建立由总公司的采购部进行,然后通过计算机网络传输到各连锁超市的后台计算机。商品主档资料建档的内容主要有:商品编码(店内码)、商品名称、商品规格、型号、商品单位、商品条形码、所属柜组或仓库、供应商、厂家产地、最高(低)库存数量限定、销售价格(零售价、会员价、批发价、促销价和自定价等)、批号、批次,以及保质期等。

复习思考题

一、名词解释

1. 收银
2. 收银工作
3. 收银员
4. 收银岗位
5. 收银工作系统

二、简答题

1. 收银工作的主要业务有哪些?
2. 收银员的任职资格有哪些?
3. 收银员的职业道德有哪些?

三、实践题

学生分成几个学习小组,分别到一家超市了解收银机的构成,收银机的产地、功能。

项目二

收银机构设置与工作要求

学习目标

通过本项目内容的学习，要求了解收银机构的设置、明确收银机构的岗位职责，掌握收银员的工作要求。

项目重点

收银机构的岗位职责、收银员的工作要求。

工作任务一　收银机构设置

收银工作需要设置组织机构，建立岗位职责，实行分级管理，明确各自责任，这样才能使收银工作得以顺利开展。科学地设置收银机构、有效地组织收银工作，是发挥收银作用、完成收银任务、提高收银工作质量和有效增加企业经营效益的重要保证。

一、收银机构设置

商场、超市等零售企业应根据本单位经营业务的实际需要以及上级主管部门的主管规定和要求，合理设置收银机构，配备一定数量的收银人员，并建立、健全收银工作的内部工作职责与制度，以使本单位的收银工作正常有序地进行。

由于收银机构的设置没有法律上的明文规定，所以可以借鉴会计机构的设置模式来设置。各零售企业可以根据自身的经营规模以及营业场所营业面积的大小，结合收银工作的具体情况来设置收银机构。收银机构一般设置在财务部门之下，是财务部门的隶属机构。经营规模较大的企业，可以在财务部门下设专门的收银科（部），收银科（部）下设总收款室，或是直接在财务部门下设总收款室，然后在总收款室下设收银班（组），负责管理每个营业层面上的收银台。收银台的设置数量应根据营业场所的大小和收银工作量的大小来定，本着既方便顾客交款、又便于管理的原则来设置收银台。一般来说，大型商场的每个营业层面上150～200平方米设置一个收银台；大型超级市场应在出口处设置一排收银台，具体设置数量要根据企业的面积、客流量及出口的大小来确定。每个收银台之间应间隔1米左右，以方便顾客排队交款。经营规模相对较小的商场和超市，可以根据实际经营情况来设置收银台的数量。

收银机构要严格实行分级管理、层层负责的管理制度，制定详细的收银工作管理规章制度，明确自己的岗位职责，努力做好收银工作，增强服务意识，提高工作质量，树立企业在顾客心目中的良好形象。

二、收银机构的岗位职责

（一）收银岗位责任制度

① 自觉遵守财经纪律和财务制度。

② 根据财务部制定的工作程序进行工作。

③ 按规定标准、营业消费价格收取客人费用。

④ 结算款及营业收入不得拖欠，客离账清。

⑤ 工作时间不得将私人款与公款相混淆。

⑥ 不得擅自套换外币。

⑦ 不得擅自以长补短，长短款应按规定处理。

⑧ 不得向无关人员泄露关于公司的营业收入情况、资料及数据。

⑨ 对于违反财务制度和财经纪律的行为要敢于制止。

⑩ 提前10分钟到岗，开市前必须兑换好当天所需的零钱，备足底钱。交班前准备好自己当班所发生的业务，做好交接手续——点清发票、营业现金、营业单据、客户挂账签单等，并且由交接人双方签名确认。交款表必须填写交款收据（姓名、台岗、金额、发出单据的张数），交款需有指定人员作证，并请证人签名。

（二）收银员岗位职责

① 收银员在上班前应先做好营业前的准备工作：预备好零钞，以便找钱；检查使用的收银机、计算器和验钞机等设备；整理收银台卫生。

② 准确打印各项收款单据、发票；及时、快捷地收妥客人消费款；在收款中做到快、准、不错收、漏收；对各种钞票必须认真验明真伪，收到伪钞自赔。

③ 每日收入现金，必须切实执行“长缴短补”的规定，不得以长补短。出现长款或短款，必须如实向上级汇报。按公司财务规定，长款入公司账，短款当事人自赔。

④ 按公司外汇兑换率收取外币，不得套取外币，也不得自兑外币。

⑤ 每天收入的现款、票据必须与单据相符。认真填写营业报表，字迹清晰，不得涂改，连同收款菜单、卡单、签单单据核对后，交审核员审核对账后转交会计签收作账。现金、信用卡票据等款项交出纳，营业收款单据交审核员并签收。客人需要发票要进行登记，主管级签名才有效。

⑥ 备用周转金和即时收银钱必须天天核对、专人保管，如有遗失自赔，绝对不得以白条抵库、私自挪用。

⑦ 一切营业收入现金，不准乱支。未经总经理批准（必须书面签名，可在总经理电话同意后补签），不得在营业收入现金中借给任何部门或任何个人。

⑧ 使用信用卡结账时,必须按银行培训的使用规定和操作程序办理。

⑨ 每一位收银员在当班营业结束后,检查当班营业收入单、卡数量与现金签单及信用卡结算等是否相符,同时根据当天票、款、账单做出营业报表并上交财务审查无误后才能下班。

工作任务二　收银工作要求

收银工作是企业经营活动的窗口,要提高收银工作效率,必须明确收银人员的工作要求。

一、收银主管的工作要求

(一) 营业前的工作要求

① 参加公司例会,主持召开收银工作例会,将公司、营业本部以及分店的文件、规定等传达到各收银班(组)。

② 查看公司的最新文件、收银员交接班记录、电子邮件及销售报表,了解商场(超市)近期销售情况。

③ 检查班(组)长安排的收银员人数及收银台开台位置是否合理,检查收银台物品的摆放是否整齐。

④ 检查收银员到岗情况并对未到岗的人员做出相应的调整。

⑤ 为收银员发放备用金、零钞;与财务部门交接各种单据,如银行 POS 机的签购单、回收的本店优惠券、收银员缴款单,以及长短款调整表等。

(二) 营业中的工作要求

① 对公司例会的要求进行落实并随时对落实情况进行检查,同时根据检查情况调整工作计划。

② 对营业中接到的上级要求传达的指令,应及时传达各收银班(组),并对员工掌握情况进行现场抽查。

③ 经常巡视各收银台,检查如环境卫生、设备使用、收银员服务质量和规范操作等情况,发现问题及时解决。

④ 及时与相关部门沟通收银工作中出现的问题:向收银监察员和财务人员了解收银工作中存在的问题;对银行卡出现的问题与有关银行协调解决;向顾客了解收银员的服务情况,发现问题及时解决。

⑤ 营业期间根据营业状况随时调整收银台开台数量和开台位置;抽查收银员交接班情况,必要时在收银台顶岗。

⑥ 检查收银班(组)长是否按岗位职责的要求开展工作,抽查收银员的操作是否规范,

收款时是否使用礼貌用语，是否做到唱收唱付。

⑦ 检查收银机工作是否正常，对营业中电子收银机出现的非正常情况及时上报，对出现故障的设备的维修情况予以跟踪。

⑧ 处理收银工作中的各种投诉并向分管经理及时反馈情况。

⑨ 记录当班收银情况，与下一班收银主管做好交接工作。

（三）营业后的工作要求

① 检查各收银台机器关机及营业结束后的工作情况：查看电子收银机是否关机并退出营业状态；对所有银行卡进行结账并关闭银行 POS 机设备；将所有收银设备关闭并罩好防护罩；将所有办公室用品放到指定位置。

② 收取营业款、备用金及各种单据并与银行做好营业款交存工作。

③ 向收银监察员了解当天收银工作中操作失误的情况。

④ 清点好备用金并锁好保险柜，将保险柜钥匙放到指定位置。

二、收银员的工作要求

（一）营业前的工作要求

① 按规定时间书面签到（不得代签），集合，由班（组）长召开晨会。然后到指定地点领取备用金并在登记本上签名，兑换好充足的零钞并当面点清。

② 领用发票及办公用品：发票用完时到总收款室登记，在发票领用登记簿上登记注销，并且签字领用新发票；对于急需的办公用品应及时领取。

③ 整理收银台的卫生：打扫台面及款台四周，灯箱定期擦拭，保持清洁。收银台四周不得放胶水、尺子、订书器和小票等杂物。

④ 取下收银机罩布，按规范程序依次打开 UPS 电源、显示器、主机，将主显示器与顾客显示器调整到最佳角度并检查机器设备是否正常；打开钱箱，放入备用金，然后输入密码进入待机收款状态。

⑤ 营业铃声响起，所有收银员停止各项准备工作，按规范姿势站立迎宾。迎宾期间不得随便外出。

⑥ 检查前一日银行卡是否结账，检查电子收银机、条码扫描仪和消磁板等是否工作正常，如有异常情况立即向班（组）长或收银主管报告。

⑦ 将工作所需要的收银专用章、人名章、印台和取码器等物品摆放好；清点办公用品是否齐全并注意合理摆放；检查购物袋的存量是否足够用，若不足则应及时领取；分类整理好报纸及公司有关促销的宣传单并摆放到位。待一切就绪后，准备营业。

（二）营业中的工作要求

① 招呼顾客。当顾客来到收银台交款结账时，收银员应及时接待，不得以任何理由推诿。商场收银员因应根据顾客交来的销售小票，用键盘输入电子收银机，并且核对商品名

称、数量、单价等信息,无误后收款、打单。收款后将销售小票、发票连同零钱一同交给顾客。超市收银员在输入前应先对顾客购买的商品做大致的分类,根据顾客购物量的大小,选择合适的购物袋,并且迅速将购物袋打开放在收银台上,收款后将商品逐一入袋。

② 为顾客结账。超市收银员在进行扫描输入时,应站姿端正,身体与收银台、收银机保持适当的距离,不应靠在收银台上。在扫描器最敏感的地方按扫描器箭头方向划过商品(扫描器与商品应保持适当的距离,不能将商品在扫描器上摩擦,或在扫描器上不停地晃动),当听到"嘟"的响声后,即表明扫描器完成信息扫描。

③ 收银时应将顾客手中拿着的商品、放在收银台下面的商品和易碎的商品先扫描输入,以避免漏输或打坏商品。当商品的条码扫描不出来时,应将商品暂时放在一边,待其他商品扫描完毕后,一起改用手工进行输入,不得用不同条码的同价值商品代替该商品输入收银机。对于使用店内码销售的商品,收银员可直接使用键盘手工输入电子收银机。

④ 商品全部输入收银机后,收银员要询问顾客是否还有其他商品,同时要留意顾客手上或身上是否有未输入的商品;对顾客随身携带的纸袋、购物袋等,应礼貌地请顾客协助检查。

⑤ 商品输入收银机后,要认真核对商品与显示器显示的品名、规格、单价和数量,当计算机显示的商品资料与实物不符时,可能是售货柜台打错价格,此时应叫来收银监察员进行证明,然后按低标价出售给顾客,差价由柜台负责人赔偿,收银员还应向收银主管或相应柜组汇报该情况。如果商品品名、规格、条码不符或商品无条码,那么应委婉地向顾客解释,并及时通知有关人员进行更换。

⑥ 在未结算前发现输入错误时,应在收银监察员的监督下使用"更正"、"取消"键,并将计算机小票交收银监察员保留备查。能打开外包装的商品或封口被开启过的商品,必须打开包装,并将实物与计算机显示的商品名称、条码、规格逐一进行认真核对。

⑦ 消磁工作应在商品输入收银机并与实物核对无误后进行。凡有硬标签的商品每扫一个就用解码器取下一个,硬标签取下后,如果顾客不要此商品或需要更换时,收银员将商品取消后,要及时将硬标签扣回原位。

⑧ 有软标签的商品应在消磁板上进行消磁。在消磁板上对软标签消磁时不要将商品在消磁板上来回摩擦,要注意爱惜商品。如果顾客出门时报警器报警又返回收银台消磁,收银员需先查看计算机小票,确定商品已经购买后再消磁,并礼貌地向顾客道歉。

⑨ 收款后应主动将顾客购买的商品装袋。装袋时要逐一将前后两位顾客的商品分开。装袋时还要逐一将商品冷热分开、生熟分开,食品和日用品分开,重量重、体积大的装在下面,重量轻、体积小的装在上面,商品装袋后以不高出袋口为宜。已入袋的商品要集中放在一起交给顾客,对易碎商品、大件商品可请顾客到指定地点进行打包。

⑩ 对于挂单商品要及时放在收银台下面妥善保管,待顾客返回后,先按住挂单键,再将商品拿到收银台上。

⑪ 增强防盗意识。当顾客携带物品进入超市时,收银员应耐心解释,并要求顾客存包;当顾客在开单销售区购买商品由超市走出收银台时,收银员要严格按开单销售商品进出超市的规定执行,发现异常情况时应立即通知防损员。

⑫ 当顾客持本店购物卡结算时,若卡内金额不足10元,则应提醒顾客,并在顾客做出肯

定的答复后，才能确认，并将卡收回；若顾客用本店购物卡与其他方式（如现金）一起结算，则应问清楚顾客是否保留购物卡，然后再决定结算方式的先后顺序。通常顾客需保留购物卡结算时，购物卡应放在最后结算；若顾客不需保留购物卡，则先用购物卡进行结算。

⑬ 除购物卡外，其他结算方式均应输入金额，并且在核对无误后再按相应的结算键。购物卡、银行卡和支票应分别以不同的结算方式进行结算。

⑭ 顾客结账多以现金为主。现金结算时，收银员收钱找零至少要点两遍，同时注意识别假币。交易完成后，主动将零钱和计算机小票递到顾客手中，并做到唱收唱付。

⑮ 收银员在整个收银操作过程中，眼睛的余光要随时留意收银通道，以防商品流失。其他收银员正在操作时，无特殊情况不得影响其操作。相邻收银台正在接待顾客而本收银台无顾客的情况下，可以帮助其留意收银通道或者留意是否有商品漏输及其他一些操作失误的现象。

⑯ 销售商品的正常折扣由收银机自动执行，其他销售方式由授权人参照公司规定办理。营业中遇到收银机故障而无法自行处理时，应立即通知计算机部人员和收银主管。

⑰ 所有营业款、备用金应全部放在收银机的钱箱内，不得放在其他地方（如抽屉内）。所有退换货操作均应严格按照《商品销售退换货管理规定》执行。

⑱ 收银员当班期间不得随便外出、串岗、购物、闲谈、说笑或进入其他收银台；严禁携带私人物品（私款）上岗；严禁将营业款带出商场或超市；严禁私自兑换外币；严禁非收银台人员进入收银台。

⑲ 就餐时间收银员应按规定时间分批去就餐，就餐期间相邻的收银台不准空台；各收银台收银员当班期间不准以换零钱、领取发票等理由随意外出。

⑳ 当班期间要妥善保管好收银台的配套物资；离开收银台时应将键盘锁住，并将各种公章、单据、办公用品等收好，锁好抽屉；超市收银员离开收银台时要围好围栏，挂出暂停服务牌，并通知相邻收银台的员工后方可离去。外出超过10分钟以上时，必须先请假，回来时销假。

（三）交接班的工作要求

① 收银员交接班时应向顾客解释清楚："对不起，我们正在交接班，请稍候。"同时交班人要迅速将营业款、购物卡等放入钱袋，退出自己的密码，并将所有办公用品一一清点、交接清楚。然后，接班人输入自己的密码，放入备用金，核对操作员的号码，立即开始收银工作。

② 交接班如遇客流量较大的情况时，相邻的收银台应轮流交接班，不能同时进行交接班。交接班应在一笔交易完成之后进行，而不能够在交易中途进行。交接班时，不得以正在交接班为由拒绝为顾客服务。

③ 每天上午班下班的收银员，要在最短的时间内做好营业款、备用金及其他有关事宜的交接工作。下午班交接人员到岗后，上午班人员方可到总收款室交款。

④ 交款时收银员要按规定的交款路线行走，本着安全第一、速去速回的原则。在交款途中，不准无故停留，与他人闲谈，更不准对自己的钱箱置之不理。交完班的人员不准无故在收款台、售货区长时间停留。

（四）营业后的工作要求

① 营业结束时拿好备用金、营业款及各类单据，到指定地点做单（缴款单等），金额超过3万元的必须请防损员保护，并按公司规定的金额留存备用金。清点备用金时应首先从面额较小的开始点起，点完后应复核一遍。

② 填写现金缴款单时，应将现金全部点完并整理好，复核一遍确定无误后，再根据现金面额逐一填写缴款单。要按公司规定格式填写缴款单，要求字迹工整清晰，不得涂改。填写完毕后，复核缴款单的小计、合计是否正确，然后用计算器直接将现金加一遍，并与缴款单的合计金额核对，最后再检查一遍缴款单的内容是否完整，确认无误后，将现金缴款单的第二联与营业款装入现金袋内并将其锁好。

③ 将收回的购物卡及银行单据用橡皮筋扎住后再放入卡袋内，以避免流失。拿好现金袋、卡袋到指定地点，在登记簿上签名后交收银主管签收，并将备用金有序地放入保险柜内。

④ 要自觉维护做单区的环境卫生，做单完毕后要及时将办公用品返回到各收银台，并且做好收银台及台前陈列商品的卫生清洁工作。

⑤ 晚班收银员必须待顾客全部离场后，方可退出工作状态，然后按规定程序关机，锁好公章及办公用品，交出钥匙，罩好机罩，把购物袋挂好。挂购物袋时，应注意将带有商标的一面朝外。

（五）下班时的工作要求

① 营业结束前10分钟，收银员清点营业款，等到商场无顾客后，方可按“下班”键，并签退离岗，然后到总收款室交钱袋。每个收银员不得以下班为由拒绝前来交款的顾客。

② 每个收银台均放有一个钱袋（有的是钱箱），不准代存钱袋。进入总收款室时应先出示“收银员出入证”；存完钱袋后，要在“钱袋登记表”上签字，不得代签、不签。拿好取袋卡，次日凭卡领取钱袋。

三、开单销售区收银员的工作要求

① 收银员收款前，要审核销售凭证是否填写正确。审核内容包括：柜组、提货地、日期、编码、品名、规格、单位、数量、单价、金额、合计和开单人签名等。要求书写端正、清晰，不得涂改。

② 如果顾客持多张销售凭证付款，收银员应先将商品最多的一张销售凭证输入收银机。顾客持不同柜组的多张销售凭证一起付款时，收银员不得进行分单结算。

③ 将商品编码输入后，核对销售凭证与计算机显示的内容是否一致，若不一致，应向顾客道歉，并请顾客将销售凭证退回柜组重新开单，同时将信用卡或现金退回给顾客。柜台距收银台较近的，收银员直接通知柜台销售人员重新开单即可。

④ 收款后应在计算机小票的第二联和销售凭证上，分别盖上收银专用章和收银员名章，并将计算机小票、销售凭证连同找回的零钱一同交到顾客手中。

⑤ 柜组人员遗失已盖章的销售凭证时，应重新补单。补单时首先由区域主管在补单上

签字,收银员注明补单,并将相应的计算机小票的流水号、收银员操作号和台号在补单上注明,然后再盖章确认。

四、服务台收银员的工作要求

为了给顾客创造一个良好的购物环境,提供优质的售中和售后服务,一般经营规模较大的商场和超级市场都设有服务台。服务台的收银员主要是配合前台收银员做一些服务性的工作,如收取押金、销售电话卡、收取礼品包装费、为顾客开具收据或发票等。服务台收银员的管理要求除具备前台收银员的基本要求外,还有以下具体要求。

(一)营业前的工作要求

① 做好营业前的准备工作。负责开票的收银员要检查收据和发票的存量是否充足。

② 向财务部门上交前一营业日收取的条形码、软标签购买费用和各类电话卡的销售款,以及“电话卡销售日报表”等各类报表、单据,并根据前一日营业情况领取电话卡。

(二)营业中的工作要求

① 为顾客提供各类电话卡的销售服务,并对销售情况做好记录。收取顾客的礼品包装费、胶卷冲印费等服务项目的营业款。

② 协助财务部门人员收取供应商购买条形码、软标签的费用,并如实开具收款收据。

③ 按公司规定的退换货操作程序收取顾客退换货的款项;向订购商品的顾客收取商品押金并如实开具收款收据。

④ 对需要另开、换开发票的顾客,要认真为其开具发票。开发票时,要按规定格式填制发票,做到字迹清晰、工整。

⑤ 根据销售金额的大小选择合适的发票种类。发票用完时到财务部领取新的发票,同时交还已用完的发票。

⑥ 交接班时,要认真做好发票的交接工作,包括发票的分类、登记和保管等;开具发票时,不能改变商品的性能和单价,特殊情况必须报分管经理处理。作废的发票必须三联同时作废,并完整保留。

⑦ 对于需要保修的商品,必须在发票上写明商品的品名、规格、单位、数量、单价和金额;对于拍卖的商品,应按顾客实际支付的金额开具发票,同时在备注栏注明“拍卖”字样。

⑧ 将各收银台的收银员交来的支票转交财务部门。

(三)营业后的工作要求

① 按规定的要求填制“电话卡销售日报表”并整理好所有已开或未开的发票本。

② 关闭计算机、收银机等设备,切断电源,罩好防尘罩,锁好抽屉、保险柜,并做好单据与办公用具的整理及清洁工作。

五、赠品处收银员的工作

为了进行商业促销,大多数商家会经常性地搞一些如有奖购物、买一赠一等活动,对一次购物达到一定金额的顾客给予奖品或赠品。对于赠品的发放和管理,大型商场、超市一般由服务台的工作人员负责,而小型超市则由收银员负责。管理要求如下。

(一)营业前的工作要求

① 按交接班簿上记录清点赠品和奖品的数量,发现异常情况立即上报收银班(组)长;对各种奖品、赠品进行整理,每个奖品心须与相应的兑奖票一一对应。

② 检查营业设备、工具情况,并把前一营业日的"兑奖日报表"交与财务部人员。

(二)营业中的工作要求

① 热情接待前来兑奖的顾客,当顾客兑奖时,应将其交来的兑奖票放入票机数票,数票完毕时将票数报给顾客,并询问其兑换哪种奖品。

② 根据顾客所选的奖品开出兑奖单,请顾客签名后发放奖品,按顾客的要求为其包装礼品并退回多余的奖票。

③ 在兑奖后的奖票上画线,以示作废,并放在指定地点,保存至规定的销毁时间。奖品数量不足时,及时向分管经理申请调拨,并按调拨程序到相应的柜组办理奖品调拨手续。

④ 新到的奖品应及时摆放到奖品陈列柜上并摆放好相应的兑奖票数标牌,要求与奖品一一对应。

⑤ 按《赠品管理规定》领取、发放赠品,并做好赠品的日常管理工作。向顾客做好促销宣传和解释工作,并跟踪赠品的存货数。赠品的存货量不足时,要及时向有关柜组反馈信息。

(三)营业后的工作要求

① 根据当日的兑奖情况填写"兑奖日报表",并将余下的奖品整理好。

② 清点剩余赠品的数量,做好交接班簿。

复习思考题

一、名词解释

1. 收银机构
2. 开单销售区收银员
3. 服务台收银员
4. 赠品处收银员

二、简答题

1. 收银主管的岗位职责有哪些?
2. 收银员岗位职责有哪些?

三、实践题

1. 调查一个超市,了解收银机构是如何设置的。
2. 调查一个超市,了解收银员岗位职责的落实情况。

项目三
收银员基本技能

学习目标

通过本项目内容的学习，掌握点钞技术和验钞技术，掌握电子收银机的基本操作程序和操作技巧并能熟练操作。

项目重点

点钞技术和验钞技术及电子收银机的实际操作。

工作任务一　点钞技术

一、点钞的工序和要求

（一）点钞的工序

1. 拆把

把待点的成把钞票的封条拆掉，同时做好点数的准备。

2. 点数

手中点钞，脑中记数，点准百张钞票。

3. 扎把

把点准的百张（或不足百张）钞票墩齐，用捆钱条扎紧，不足百张的在捆钱条上写出实点数和金额。

4. 盖章

在扎好的钞票的捆钱条上加盖经办人名章，以明确责任。

（二）点钞的基本要求

1. 坐姿端正

点钞的坐姿会直接影响点钞技术的发挥和提高。正确的坐姿应该是直腰挺胸，身体自然，肌肉放松，双肘自然放在桌上，同时持票的左手腕部接触桌面，右手腕部稍抬起，这样才能做到整点票币轻松自如、活动持久。

2. 操作定型,用具定位

点钞时使用的印泥、图章、水盒和捆钱条等要按使用顺序固定位置放好,以便点钞时使用顺手。使用机器点钞时用具要固定,各个环节要紧凑,方位得当,距离适宜,便于操作。

(三) 点数准确

点钞技术关键是一个“准”字,清点和记数的准确是点钞的基本要求。要做到点数准确,一要精神集中,二要定型操作,三要手点、脑记,手、眼、脑紧密配合。

(四) 钞票墩齐

当点完一捆钞票后必须墩齐(四条边水平,不露头,卷角拉平),这样才能捆扎。

(五) 扎把捆紧

扎小把要以票把中第一张钞票不被抽出为准。扎#字型捆扎的大捆,以用力推不变型、抽不出票把为准。

(六) 盖章清晰

捆钱条上的名章是分清责任的标志,每个人整点后都要盖章,图章要清晰可辨。

(七) 动作连贯

动作连贯是保证点钞质量和提高效率的必要条件,点钞过程的各个环节(拆把、清点、墩齐、捆扎和盖章)必须密切配合、环环相扣。清点中双手动作要协调,速度要均匀,要注意减少不必要的小动作。

二、钞票的整理与捆扎

(一) 钞票整理的具体要求

平铺整齐,边角无折。同券一起,不能混淆。
券面同向,不能颠倒。验查真伪,去伪存真。
剔除残币,完残分放。百张一把,十把一捆。
扎把捆紧,经办盖章。清点结账,复核入库。

(二) 钞票的捆扎

钞票的捆扎分为缠绕式和扭结式两种方法。

1. 缠绕式

收款采用这种方法,需使用牛皮纸捆钱条,具体操作方法如下。

① 将点过的100张钞票墩齐。

② 左手从长的方向拦腰握着钞票,使之成为瓦状(瓦状的幅度影响扎钞的松紧,在捆扎

中幅度不能变)。

③ 右手握着捆钱条头将其从钞票长的方向夹入钞票的中间(离一端 1/4 至 1/3 处),从凹面开始绕钞票两圈。

④ 在翻到钞票厚度转角处将捆钱条向右折叠 90°,将捆钱条头绕捆在钞票的腰条转两圈打结。

⑤ 整理钞票。

2. 扭结式

考核、比赛采用这种方法,需使用绵纸捆钱条,具体操作方法如下。

① 将点过的 100 张钞票墩齐。

② 左手握钞,使之成为瓦状。

③ 右手将捆钱条从钞票凸面放置,将两捆钱条头绕到凹面,左手食指、拇指分别按住捆钱条与钞票厚度交界处。

④ 右手拇指、食指夹住其中一端捆钱条头,中指、无名指夹住另一端捆钱条头,并合在一起,右手顺时针转 180°,左手逆时针转 180°,将拇指和食指夹住的那一头从捆钱条与钞票之间绕过、打结。

⑤ 整理钞票。

三、人工点钞的方法

人工点钞法就是手工点钞。根据持票方法的不同,人工点钞法可分为手持式点钞法、手持推捻式点钞法、手按式点钞法和扇面点钞法。按操作指法的不同,人工点钞法分为单指点钞法和多指点钞法。根据点钞张数的不同,又可划分为单指单张点钞法、单指多张点钞法和多指多张点钞法等。多指多张点钞法又可分为多指多张捻动点钞法、三指三张推动点钞法、三指拨动点钞法和扇面多指交替拨动点钞法。

1. 手持式单指单张点钞法

单指单张点钞法是点钞中最基本也最常用的一种方法。它适用的范围较广,可用于收款、付款和整点各种新旧、大小面额的钞票。使用这种点钞法,由于持票面积小,清点钞票时能看到票面的 3/4,逐张捻动手感强,因而容易发现假票,便于剔除残破票。手持式单指单张点钞时要注意,身体坐直,胸部直挺,两肘轻按在桌面上,两手竖执钞票,手腕自然抬起,右手腕高于左手腕。具体操作方法可以分为持票与拆把、清点、记数、挑残、墩齐、扎把和盖章 7 个步骤。

① 持票与拆把。左手横执钞票,正面朝向身体,左手拇指在钞票正面左端约 1/4 处,食指与中指在钞票背面与拇指同时捏住钞票,无名指与小指自然弯曲并伸向钞票前左下方,与中指夹紧钞票,食指伸直,拇指向上移动,按住钞票侧面,将钞票压成瓦形,右手上前脱去纸条。然后,左手将钞票从桌面上擦过,拇指顺势将钞票向上翻成微开的扇面形,同时,右手拇指、食指、中指蘸水做点钞准备。

② 清点。拆好把后,左手持钞并形成瓦形,用右手拇指尖逐张向下捻动钞票的右上角。捻的幅度要小,不要抬得过高,以免影响速度。食指在钞票背面托住配合拇指捻动,中指翘

起不要触及钞票，无名指将捻起的钞票向怀里弹，要注意轻点快弹，清点中，拇指蘸的水用完时，可以向中指稍蘸一下，即可点完100张。

③ 记数。记数与清点同时进行。记数有两种基本方法：一种是习惯记数法，即从1数至100；另一种是分组记数法。在点数速度快的情况下，往往由于记数迟缓而影响点钞的效率，因此记数应该采用分组记数法。

④ 挑残破票。清点时发现残破钞票，要随手向外折叠，使钞票伸出外面一截，待点完后，抽出残破票，补上好票。

⑤ 墩齐。点完100张后，左手拇指与食指、中指之间捏住钞票，无名指、小指伸向钞票的背面，使钞票正面朝向身体横执在桌面上，左右手松拢墩齐，再将钞票竖起墩齐，使钞票四端整齐，然后左手持票做扎把准备。

⑥ 扎把。左手横执钞票，其拇指按在票前，食指伸直在钞票的上侧，其余3个指头在后，捏住钞票的左端约占票面1/3处。左手拇指、食指和中指取捆钱条，捏在捆钱条的1/3处，并将捆钱条搭在钞票的背面，用左手食指按住，右手拇指和中指捏住捆钱条长的一端往下向外绕半圈，用食指钩住捆钱条短的一头，将捆钱条的两端合拢捏紧，然后左手稍用力握住钞票的正面，将钞票捏成正面凸出瓦形，左手腕向外转，右手捏住捆钱条向里转，然后在双手还原的同时将右手的捆钱条拧紧，用食指将捆钱条头掖在凹面瓦形里，再把钞票抚平，使捆钱条压在下面。

⑦ 盖章。每点完一把钞票，都要加盖自己的名章。名章应盖在钞票上侧的捆钱条上，而且要清晰。

2. 手持式单指多张点钞法

单指多张点钞法(见图3.1)是在单张点钞的基础上发展起来的点钞方法，适用于收款、付款和各种各样的整点工作，比单指单张点钞省力，记数方便，效率高，但是点钞时从第二张以后能看到的钞票面积小，假钞和残破票不易识别。具体操作方法除记数、清点外，其他均与手持式单指单张点钞相同，只是持票时钞票的倾斜度稍大点。具体操作方法如下。

图3.1 手持式单指多张点钞法

① 清点。清点时，右手食指放在钞票背面右上角，拇指肚放在正面右上角，拇指尖超出票面，用拇指肚先捻钞。单指多张点钞法，拇指用力要均衡，捻的幅度不要太大，食指、中指在票后面配合捻动，拇指捻张，无名指向怀里弹。在右手拇指往下捻动的同时，左手拇指稍抬，使票面拱起，从侧边分层错开，便于看清张数，左手拇指往下拨钞票，右手拇指抬起让钞票下落，左手拇指在拨钞的同时下按其余钞票，左右两手拇指一起一落协调动作，如此循环，直至点完。

② 记数。采用分组记数法。例如，点双数，两张为一组记一个数，50组就是100张；点3张为一组记一个数，33组余1张即是100张；点四五张以上均以此方法计算，但以5张为一组记数时，因点数要求两次凑足10张，所以，每次无论多于或少于5张的，均按5张记数，只是在心中掌握下次多点或少点，以补齐10张整数。

3. 手持式四指拨动点钞法

手持式四指拨动点钞法适用于收、付和整点工作，五角以上的票券均能点，特别是整把的钞票最适用。这种点钞方法双手协调，姿势灵活；点钞轻松，记数方便；连绵不断，速度快捷，是近年来普及较快的一种点钞方法。但点钞时，在下端夹有折叠的钞票不易发现，所以不适合整点残破太多的钞票。具体操作方法如下。

① 持钞。以左手持钞，手心向下，中指向手心自然弯曲，手指背面贴在钞票中间稍左的内侧，将食指、无名指和小指放在钞票的外侧，几指同时贴紧票券把钞票夹起，左手中指将钞票向外顶，食指、无名指和小指以中指为轴，用拇指配合，将钞票两端向内弯，使钞票压成瓦形。其间用右手拇指勾断纸条，左手拇指轻轻压钞票的右上角，并略有前推的力量，使钞票的上端微开成扇面形。同时，右手食指、中指、无名指、小指指头蘸水，做点钞准备。

② 清点。右手拇指轻轻托在钞票右上角扇形的下端，食指、中指、无名指和小指并拢，四指尖成斜直线。点数时，先以小指触及票面弧形面上，然后无名指、中指和食指按顺序逐一触及弧形面上，并向下方拨票，点数时左手拇指、中指随着右手点数，逐渐向上移动，食指稍向前推，以适应待点钞票的厚度。

③ 记数。采用分组计数，第四张为一组，记一个数，记数时从两指拨下钞票后起记，数至24组(即96张)就以左手食指和拇指将剩余的钞票捻开，如果是4张，即为100张。

④ 挑残破票。点数时发现残破票，用两个手指捏住(其他手指松开)向外折叠，露出一端，待一把钞票点完后，左手将钞票横立桌上，用右手控住，左手将残破票抽出，补上完整票。运用手持式四指拨动点钞法在拨票时，要充分发挥手指关节作用，尽量减少手腕动作，以减轻劳动强度；在左手拇指和中指夹住钞票两侧时，必须松紧适当，以防钞票太松脱落或过紧不易拨钞；拨票时目光应集中在钞票的右上角，以便看出残破票，发现双张和拨空等。

4. 手持式五指拨动点钞法

这种点钞法适用于收款、付款和整点工作。操作时主要靠手指关节活动，动作范围小，可减轻劳动强度，其优点是省力、效率高。

① 持钞。拆把后左手持钞，左手小指在前，无名指在后，夹住钞票左端，中指、拇指夹住钞票上端两侧，拇指要高于中指，中指稍用力，使钞票向后弯曲成瓦形，食指稍弯曲顶住钞票背面上端中间。

② 清点。清点用右手，先由拇指开始，从左上角向下方拨起第一张，接着用食指、中指、无名指、小指依次从右上角向左下方拨起第二、第三、第四、第五张，完成一次清点。然后再用拇指拨钞……反复循环操作，直至点完。

③ 记数。采用分组记数法，每次点5张为1组记1个数，点20组为100张。

④ 扎把、盖章。与单指单张方法相同，五指五张点钞法要求右手腕要灵活，五指动作要协调。

5. 手按式单指单张点钞法

手按式单指单张点钞法看到的钞票面积大，便于挑出残破票和发现假票，只是点钞速度比手持式单指单张点钞法慢，劳动强度相对来说也要大些。这种点钞方法多用于收款、付款和整点各种新旧、大小面额的钞票，特别适用于整点辅币及残破券多的钞票。其具体操作程序如图3.2所示。

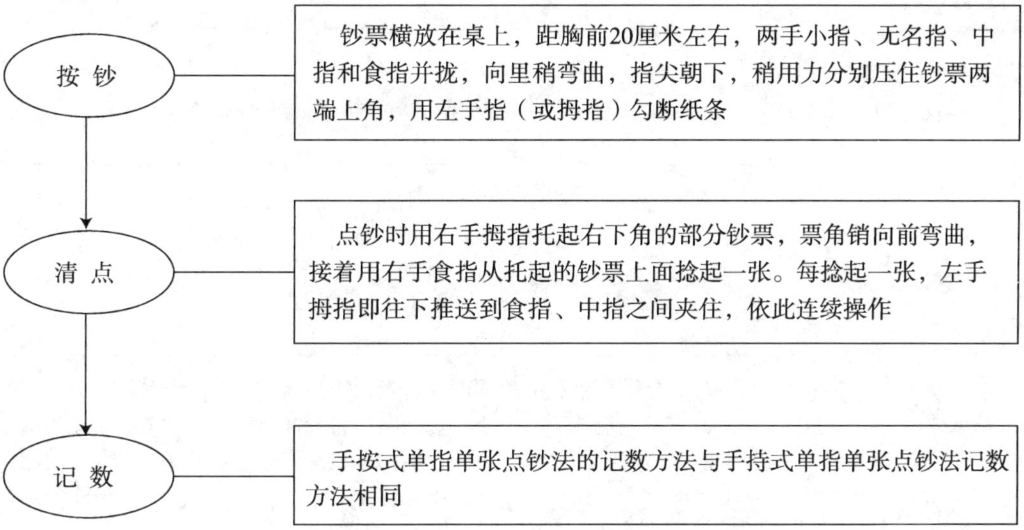

图 3.2　手按式单指单张点钞法程序

6. 手按式双指双张点钞法

手按式双指双张的速度比手按式单张捻点法快些，缺点是挑残破票不方便，所以不适于整点残破票多的钞票，劳动强度也比较大。它适用于收款、付款和整点各种新旧币。其具体操作程序如图 3.3 所示。

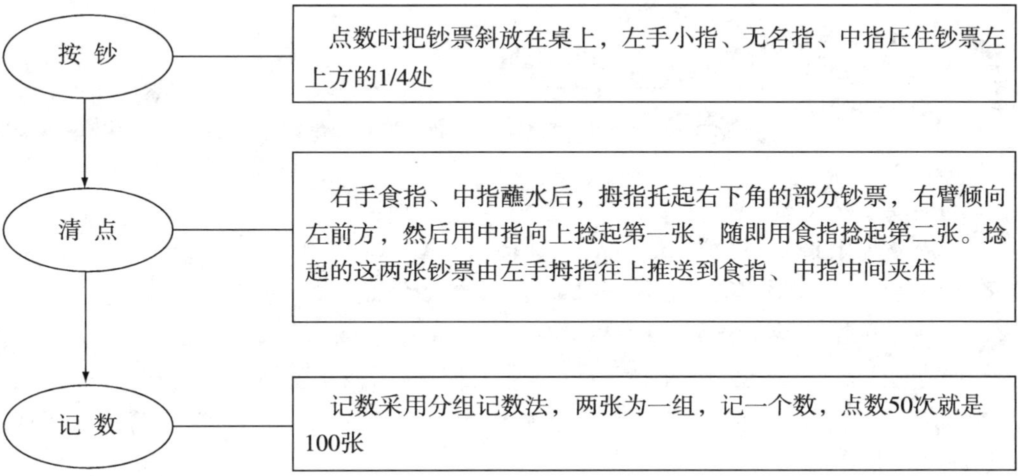

图 3.3　手按式双指双张点钞法程序

7. 手按式多指多张捻动点钞法

手按式多指多张捻动点钞法的点钞速度要比单指单张快，只是在点钞时，除了第一张钞票以外，其余各张看到的钞票面积太小，不宜整点残破券多的钞票，也不易发现假钞，劳动强度也较大。手按式多指多张捻动点钞法适用于收款、付款和整点各种新旧不同、大小面额不同的钞票。其具体操作程序如图 3.4 所示。

议一议

手工点钞方法在实际工作中最常用的是哪几种？为什么？

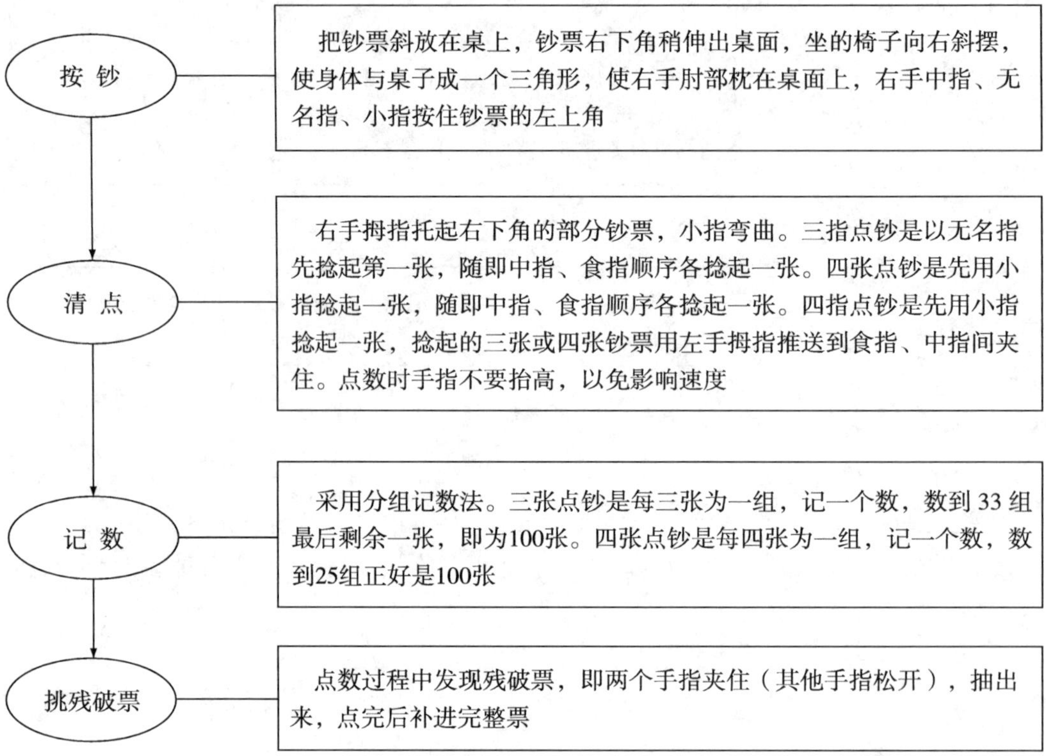

图 3.4　手按式多指多张捻动点钞法程序图

8. 扇面点钞法

把钞票捻成扇面状进行清点的方法叫扇面式点钞法。这种点钞方法速度快，是手工点钞中效率最高的一种，但它只适合清点新票币，不适于清点新、旧、破混合钞票。

① 持钞。首先将钞票竖拿，左手拇指在票前下部中间票面约 1/4 处。食指、中指在票后同拇指一起捏住钞票，无名指和小指拳向手心。右手拇指在左手拇指的上端，用虎口从右侧卡住钞票成瓦形，食指、中指、无名指和小指均横在钞票背面，用拇指勾掉钞票上的捆钱条做开扇准备。

② 开扇。作为扇面点钞法的一个重要环节，必须掌握扇面打开的幅度，目的是为点数做好准备、打好基础。

打扇面时，左右两手一定要配合协调，不要将钞票捏得过紧，如果点数时采取一按十张的方法，扇面要开小些，便于点清。开扇动作要快。拿、捻、抖 3 个动作要一气呵成，以达到一次开扇成功。

③ 点数。左手将扇面持平，右手中指、无名指、小指托住钞票背面，拇指在钞票右上角 1 厘米处，一次按下 5 张或 10 张，按下后用食指压住，拇指继续向前按第 2 次，以此类推。同

时左手应随右手点数速度向内转动扇面，以迎合右手按动，右手和肘部也要随着点数的速度自然向左移动，使双手始终保持适当距离，眼睛看清张数，直到点完100张为止。

④ 记数。采用分组记数法。一次按5张为一组，记满20组为100张；一次按10张为一组，记满10组为100张。

⑤ 合扇。清点完全扇后，将左手向右倒，右手托住钞票右侧向左合拢，左右手指中间一起用力，使钞票竖立在桌面上，两手松拢轻墩，把钞票墩齐，准备扎把。

⑥ 扎把、盖章。扇面点钞法的扎把、盖章方法与单指单张点钞方法相同。

9. 混合捻点

这种点钞方法是将不同票面的钞票经过分类，按票面面额大小顺序放在一起，一边点数，一边心算，点完张数，加计出总数。

① 点数。从小额票开始单张捻点，此方法与单张捻点相同。

② 记数。1元以双张为主计，捻点后，成单的另计，然后将2元的接着点，点完后，点5元的，以此类推，以心算为主，加上余数即为所捻点之数。

四、机器点钞的方法

机器点钞就是使用点钞机整点钞以代替手工整点。机器点钞代替手工点钞，可以减轻收银员的劳动强度，提高工作效率。点钞机如图3.5所示。

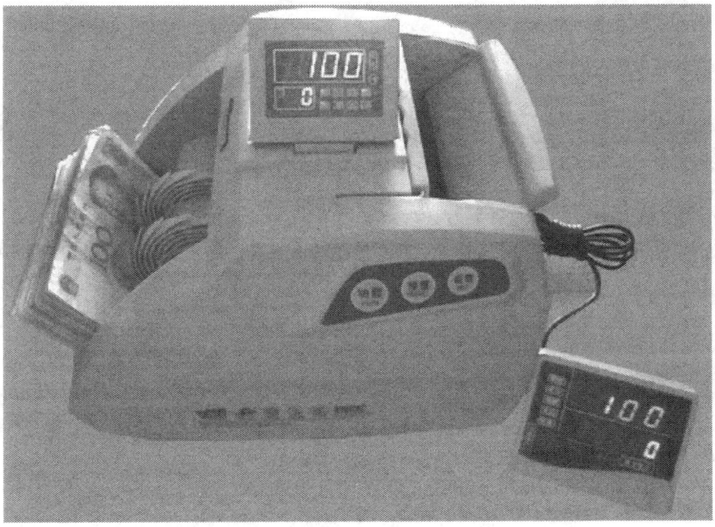

图3.5　点钞机

（一）点钞前的准备工作

1. 放置好点钞机

点钞机一般放在桌上，点钞员的正前部，离其胸前约30厘米。临柜收付款时也可将点钞机放在点钞桌肚内，桌子台面用玻璃板，以便看清数字和机器运转情况。

2. 放置好钞券和工具

机器点钞是连续作业，且速度相当快，因此清点的钞券和操作的用具摆放位置必须固定，这样才能做到忙而不乱。一般未点的钞券放在机器右侧，按大小票面顺序排列，或从大到小，或从小到大，切不可大小夹杂排列；经复点的钞券放在机器左侧；捆钱条纸应横放在点钞机前面，即靠点钞员胸前的那一侧，其他各种用具放置要适当、顺手。

3. 试机

首先检查各机件是否完好，然后打开电源，检查捻钞轮、传送带、接钞台运行是否正常，灯泡、数码管显示是否正常，如荧光数码显示不是 00，那么按 0 键使其复位。然后开始调试下钞斗，松紧螺母，通常以 1 元券为准，调到不松、不紧、不夹、不阻塞为宜。调试时，右手持一张 1 元券放入下钞斗，捻钞轮将券一捻住，马上用手抽出，以捻得动、抽得出为宜。

调整好点钞机后，还应拿一把钞券试试，看看机器转速是否均匀，下钞是否流畅、均匀，点钞是否准确，落钞是否整齐。若传送带上钞券排列不均匀，说明下钞速度不均，要检查原因或调节下钞斗底冲口处的螺丝；若出现不整齐、票面歪斜现象，说明下钞斗与两边的捻钞轮相距不均匀，往往造成距离近的一边下钞慢，钞券一端向送钞台倾斜，传送带上钞券呈一斜面排列，反之下钞快。这样应将下钞斗两边的螺丝进行微调，直到调好为止。

（二）点钞机操作程序

1. 持票拆把

用右手从机器右侧拿起钞券，右手钞券横执，拇指与中指、无名指、小指分别捏住钞券两侧，拇指在里侧、其余三指在外侧，将钞券横捏成瓦形，中指在中间自然弯曲。然后用左手将捆钱条纸抽出，右手将钞券速移到下钞斗上面，同时用右手拇指和食指捏住钞券上侧，中指、无名指、小指松开，使钞券弹回原处并自然形成微扇面，这样即可将钞券放入下钞斗。

2. 点数

将钞券放入下钞斗时不要用力。钞券经下钞斗通过捻钞轮自然下滑到传送带，落到接钞台。下钞时，点钞员眼睛要注意传送带上的钞券面额，看钞券是否夹有其他票券、损伤券、假钞等，同时要观察数码显示情况。拆下的封条纸先放在桌子一边，不要丢掉，以便查错用。

3. 记数

当下钞斗和传送带上的钞券下张完毕时，要查看数码显示是否为 100。如果数字不为 100，必须重新复点。在复点前应先将数码显示置 00 状态并保管好原把捆钱条纸。如果经复点仍是原数，又无其他不正常因素，说明该把钞券张数有误，即应将钞券连同原捆钱条纸一起用新的捆钱条纸扎好，并在新的捆钱条纸上写上差错张数，另做处理。一把点完，记数为百张，即可扎把。扎把时，左手拇指在钞券上面，手掌向上，将钞券从按钞台里拿出，把钞券墩齐后进行扎把。

4. 盖章

复点完全部钞券后，点钞员要逐把盖好名章。盖章时要做到先轻后重，整齐、清晰。由于机器点钞速度快，要求两手动作要协调，各个环节要紧凑，下钞、拿钞、扎把等动作要连贯，当右手将一把钞券放入下钞斗后，马上拆开第二把，准备下钞，眼睛注意观察传送带上的钞券。当传送带上最后一张钞券落到接钞台后，左手迅速将钞券拿出，同时右手将第二把钞券放入下钞斗，然后对第一把钞券进行扎把。扎把时眼睛仍应注意观察传送带上的钞券。当左手将第一把钞券放在机器左侧的同时，右手从机器右侧拿起的第三把钞券做好下钞准备，左手顺势抹掉第一把的捆钱条纸后，左手迅速从接钞台上取出第二把钞券进行扎把。按这样的顺序操作，连续作业，才能提高工作质量和工作效率。

5. 在连续操作的过程中必须注意的问题

原把捆钱条纸要顺序更换，不得将前把与后把捆钱条纸混淆，以分清责任。钞券进入接钞台后，左手取钞必须取净，然后右手再放入另一把钞券，以防止串把现象。如果发现钞券把内有其他券种或损伤券及假币时，应及时挑出并补上完整券后才能扎把。

机器点钞连续操作，归纳起来要做到"五个二"，即：

二看——看清跑道票面，看准记数。

二清——券别、把数分清，接钞台取清。

二防——防留张，防机器吃钞。

二复——发现钞券有裂缝和夹带纸片要复，记数不准时要复。

二经常——经常检查机器底部，经常保养、维修点钞机。

(三) 机器点钞容易发生的差错和防止方法

① 接钞台留张。左手到接钞台取钞时，有时会漏拿一张，造成上下把出现错误。防止方法：取尽接钞台内的钞券或采取不同的票面交叉进行清点。

② 机器"吃钞"。引起机器吃钞的主要原因是：钞券较旧，很容易卷到输钞轴上或带进机器肚内；出钞歪斜，容易引起输钞紊乱、挤扎或飞张，也有可能被下钞轮带进机器肚内。防止方法：调整好面板和调节螺丝，使下钞流畅、整齐。输钞紊乱、挤扎时要重新清点一遍，要检查机器底部和前后输钞轴是否有钞券夹住。

③ 多记数。造成多记数的原因主要有：机器在清点辅币、旧币时发生飞张；钞券开档破裂或一把钞券内残留纸条、杂物等。防止方法：将钞券调头后再清点一遍，或将机器内杂物、纸条取出后再点一遍。

④ 记数不准。记数不准除了电路毛病和钞券本身的问题外，光电管、小灯泡积灰或电源、电压大幅度升降都会造成多记数或少记数。防止方法：经常打扫光电管和小灯泡灰尘；荧光数码管突然计数不准时，要立即停机，检查机器的线路或测试电压。

工作任务二　验钞技术

一、假币的种类与特征

(一) 假币的种类

假币是以各种技术手段，仿照真人民币的纸张、图案、水印和安全线等原样，采用印刷、复印、拓印、描绘以及挖补、剪切、拼凑等方式非法加工制作的票币。市面上常见的假币主要有两种:一种是伪造币,一种是变造币。

1. 伪造币

伪造币又称“假票”,是模仿真票币的形象,非法印刷、影印、描画、加工制作的票币。伪造币有以下几种。

① 机制印刷。机制印刷的伪造币主要是从境外偷运入境。在鉴别时首先要看有无凹凸感;其次是要看水印是否逼真;最后要看图案线条是否连接。

② 拓印。拓印的伪造币一般具有票面颜色浅淡、票幅较小、无凹凸感、纸张剥离后有两层至三层粘贴、容易折断撕裂、图案模糊等特点。

③ 复印。复印币的票面颜色单调,图案粗糙、堆积而成;水印是套印出来的并有上色痕迹;手感平滑、无凹凸感。

④ 彩色复印。彩色复印伪币通常是由色粉堆集成图案,偏色、模糊不清;横向、竖向线条有断裂;无凹凸感。

2. 变造假币

变造假币是指在真币的基础上,采用挖补、剪贴、拼凑、制皮、揭面或涂改等手段,对人民币真钞进行加工处理,改变其原有形态并使其变成了假钞。

(二)假币的特征

在我国发现的假币中,大多以50元、100元的大额票币为主,但随着人们警惕性的提高,又出现了5元、10元的小面额假币。2008年底,HD 90、面值100元、难以识别的假钞流入市场,一些质量较差的验钞机被纷纷“蒙骗”。所以,收银员在收付时一定要谨慎小心,认真鉴别。

1. 伪造假币的特征

① 假币的水印大部分是在纸张夹层中涂白浆料,层次较差,图像模糊;有的则是在纸张表面描绘成水印图案,冒充水印。

② 假币纸张在紫外线光源下,多数有强烈的荧光反应。

③ 假币正背面均采用全胶印(四色网点)方式印刷,大多墨色深浅不一,有的版面颜色偏深、有的偏淡;有的版面偏向一种颜色,而且凹印图文平滑、无浮雕感。

④ 制作假币的纸张大多都是普通纸张,与印钞纸相比手感比较平滑、绵软,厚薄也不均匀,票面无凹凸感。

⑤ 假币的安全线是在纸张夹层中放置的,纸与线有分离感。还有的假币则是在正反两面各印刷一个条状图案,仔细观察便能看出破绽。

2. 变造假币的一般特征

变造假币是在真币的基础上,经过人为加工变形而成的,多采用挖补、剪贴、拼凑、制皮、揭面或涂改等手段,人为痕迹比较明显,比伪造假币易于辨认。例如,拼凑币是经人为分割破坏后再进行拼凑,以少拼多,达到多换的目的。揭面币也是经过人为地揭去一面后,用其他纸张进行粘贴,从而达到以少换多的目的。

3. 硬币假币的主要特征

现在还有些不法分子制作硬币假币,形式多种多样,收银员应注意识别。不论制假者手段如何高超,金属假币都具有以下几个共同特征。

① 金属假币工艺粗糙、成色不足、颜色不一。因为合金配置比例不当,所以黄铜币发白或发亮,白铜币显黄。

② 金属假币正、背面图案花纹模糊,没有层次感和立体感,显得呆板。在放大镜下,图案花纹笔道有明显的少粒状结构,光泽和亮度均不及真币;字体略粗,笔画不规范;棱角及国徽、天安门的图案不清楚。

③ 假币与真币的重量相差较大。

二、验钞的主要方法

1. 纸币的鉴别

真假币的鉴别主要通过看、摸、听、测 4 种方法。

① 看。主要看纸币的水印、安全线等外观特征。真币的图案颜色协调,图案人像层次分明、富有立体感,人物形象表情传神、色调柔和亮丽;票面中的水印立体感强、层次分明、灰度清晰;安全线和纸张牢固地粘合在一起,并有特殊的防伪标记;对印图案完整、准确;各种线条粗细均匀,直线、斜线、波纹线均明晰、光洁。以下以第五套人民币为例进行着重说明。

1)看水印。第五套人民币各券别纸币的固定水印位于各券别纸币票面正面左侧的空白处,迎光透视,可以看到立体感很强的水印。50 元、100 元纸币的固定水印为毛泽东头像图案;5 元、10 元、20 元纸币的固定水印为花卉图案。

2)看安全线。第五套人民币纸币在各券别票面正面中间偏左均有一条安全线。迎光透视 50 元、100 元纸币的安全线,可以分别看到缩微文字 RMB 50、RMB 100 的微小文字,仪器检测均有磁性;20 元纸币,迎光透视,是一条明暗相间的安全线;5 元、10 元纸币安全线为全息磁性开窗式安全线,即安全线局部埋入纸张中,局部裸露在纸面上,开窗部分分别可以看到由缩微字符 5、10 组成的全息图案,仪器检测有磁性。

3)看光变油墨。第五套人民币 50 元券和 100 元券正面左下方的面额数字采用光变墨印刷。将垂直观察的票面倾斜到一定角度时,50 元券的面额数字会由金色变为绿色,100 元券的面额数字则会由绿变为蓝色。

4)看票面图案是否清晰,色彩是否鲜艳,对接图案是否可以对接上。第五套人民币纸币的阴阳互补对印图案应用于 10 元、20 元、50 元和 100 元券中。这 4 种券别的正面左下方和背面右下方都印有一个圆形局部图案。迎光透视,两幅图案能准确对接,组合成一个完整的古钱币图案。

5)用 5 倍以上放大镜观察票面,看图案线条、缩微文字是否清晰干净。第五套人民币纸币各券别正面胶印图案中,5 元微缩文字为 RMB 5 和 5;10 元为 RMB 10;20 元为 RMB 20;50 元为 50 和 50 RMB;100 元为 RMB 和 RMB 100 字样。

② 摸。依据手指触摸钞票的感觉来分辨人民币的真伪。真币是采用特等原料,由专业造钞设备制造的印钞专用纸张印制的,其手感光滑、薄厚均匀、坚挺有韧性,且票面上的行名、盲文、国徽和主景图案一般采用凹版印刷工艺,触摸时有凹凸感,与普通纸张有很大不同。以下以第五套人民币为例进行说明。

1）摸人像、盲文点、中国人民银行行名等处是否有凹凸感。

2）摸手工雕刻头像。第五套人民币纸币各券别正面主景均为毛泽东头像，采用手工雕刻凹版印刷工艺，形象逼真、传神，凹凸感强，易于识别。

③ 听。通过抖动使钞票发出响声，根据声音来判断人民币的真伪。真币是用专用特制纸张印制而成的，具有挺括、耐折、不易撕裂等特点，手持钞票用力抖动、手指轻弹或两手一张一弛轻轻对称抖动钞票，均能发出清脆响亮的声音。

④ 测。测就是借助一些简单的工具和专用的仪器来分辨人民币真伪。例如，借助放大镜可以观察票面线条清晰度和胶、凹印缩微文字等；用紫外灯光照射票面，可以观察钞票纸张和油墨的荧光反应；用磁性检测仪可以检测黑色横号码的磁性。

2. 硬币的鉴别

针对硬币假币的主要特征，可采用对比法、测量称重法、图文重合比照法与合金成分分析法等进行真伪鉴别。

① 掂重或称重法。现行流通的硬币都有标准重量，若发现重量轻于或重于标准重量，则要进行仔细鉴定。

② 尺量鉴别。每种硬币都有直径、厚度的标准公差。如果出现超出或小于标准公差的规格，就可能是假币。

③ 表面花纹鉴定。真币表面花纹图案光洁清晰；假币花纹图案生硬模糊。

④ 物理化学实验鉴定。对鉴定有争执的，可抽样或全部用化学试剂对原制金属成分做反应实验，以定真假。

三、人民币防伪特征

我国当前正在流通使用中的第三套、第四套、第五套人民币中主要票券在印制方面的主要防假特征如下。

1. 人民币用纸的防假特征

印制人民币用的纸张是特制的纸张，一般叫做钞票用纸。这种纸张主要具有以下一些特征。

① 纸的质地高超。制造这种纸张的原料主要是棉短绒，比一般的造纸原料贵重得多。造纸原料配方有着严格的固定比例。造出来的纸，质地光洁细腻，坚韧耐折，挺括平整。如果用手拿着钞票在空中抖动，或者两手拿着钞票的两端一松一紧地拉动，或者用手指轻弹纸的表面，都会发出清凌明脆的声音来。而普通印刷纸的原料大多是稻草、麦杆、破布等，纸的质地绵软粗糙，韧性和张力不足，极易拉断。如果在空中抖动，它的声音发闷。

② 无荧光反应。这种纸张所选用的原材料纯净清洁，不含杂质，白度很高，不添加荧光增白剂，呈自然的洁白色。如果在紫外线的照射下，没有荧光反应。而普通的印刷纸，一般都要添加荧光增白剂，在紫外线的照射下，会发出明亮的蓝白荧光。

③ 水印。人民币的钞票用纸较普遍地采用了水印技术。第三套人民币元券以上的钞票纸内，都有五角星图案的满版水印。其中10元券钞票纸内采用的是天安门图景的固定水

印。第四套人民币钞票用纸,10 元券、50 元券和 100 元券采用的是人物图像固定水印,其他的元券以上钞票,用的是古钱图案满版水印。

④ 安全线。人民币的部分钞票用纸,在造纸过程中采取了设置安全线的措施。例如,第四套人民币 1990 年版 50 元券、100 元券,在钞票固定的位置上都设置了安全线。这些钞票日常将它平视时,是看不见安全线的。如果将这些钞票迎光透视时,就可以清楚地看到钞票纸内有一条立体感明显的暗色安全线,在票面的表层即可用手触摸到,线的部位是隆起的,特别是流通过一个时期的钞票,此特征更为明显。

2. 人民币采用油墨的防假特征

印制人民币的油墨是特制的油墨,与市场上卖的普通油墨有很大不同。这种油墨的原材料构成比较复杂,其中颜料、填充料和干燥剂等都是特殊制造的。各种原材料的调制和搭配都有专门技术。针对不同的印刷设备,油墨的调制方法和性能也有所不同。例如,第三套人民币是在凹印机上印刷的,就需要使用附着力强的凹印油墨。这样印出来的钞票画面,油墨在纸上的堆积层比较厚,立体感强,用手触摸可有突出的感觉。在钞票的不同部位还使用了不同性能的油墨,就更加强了钞票的防假功能。人民币上使用的防伪油墨大体有凹印油墨、荧光油墨、磁性油墨 3 种。

3. 人民币在制版和印刷上的防假特征

① 人民币票面的设计。采用民族特色图案衬托主景,花符对称,正背面对应,阴阳光线分明,在不同部位上或凹印或凸印、平印错落有致。多种防伪措施和标志布局合理的手法,加之名人手写银行行名,使伪造者难以一一仿效。

② 人民币的印刷制版。采用先进的机器雕刻与手工雕刻相结合的技术。机雕的底纹、团花、网状线极其精细,仿制的难度极大。手工雕刻的每一个图景、图形,都是由美术专家绘制、雕刻高手精心雕刻的,它们体现了美术家、雕刻师们各自的独特艺术风格,而这种个人的艺术风格是无法以假乱真的。手工雕刻的凹版,是点线排列、疏密相间的,景物的深浅在每一个图案中都有它的特征。如果用放大镜观察,很容易与假钞票相区分。

③ 人民币印刷的多色接线技术。人民币票面各种图案、图形上的线条,是由多种颜色组成的,在不同的部位或线段上显示了不同的颜色,而不同颜色线段间的衔接是很自然的,即由一种颜色自然地渐变过渡到另一种颜色,没有重叠、缺口、漏白、错位现象,也没有生硬的感觉。这种在一条线上色彩的变换,是用先进的接线技术印刷的。一般的假钞即使是有的线条对接上了,而要想全部对接完好,几乎是不可能的。如果使用套印的办法,色彩变换的过渡就会很不自然,能较轻易地被发现。

④ 票面底纹的彩虹印刷技术。票面主图的背景部位由各种细线条组成的图案叫做底纹。底纹由直线、斜线、波纹线等构成,线条分布均匀,有一定的规律性。底纹的颜色是由多种颜色印刷的,往往是由一种或几种颜色逐渐地自然过渡到另外一种或几种颜色。由于底纹色彩的面积比较大,多种颜色的变换可以呈现出彩虹般的色彩效果。人民币的各种票券都使用了这种特殊印刷技术,使不法分子难以仿制。

第五版人民币防伪标志如图 3.6 至图 3.10 所示。

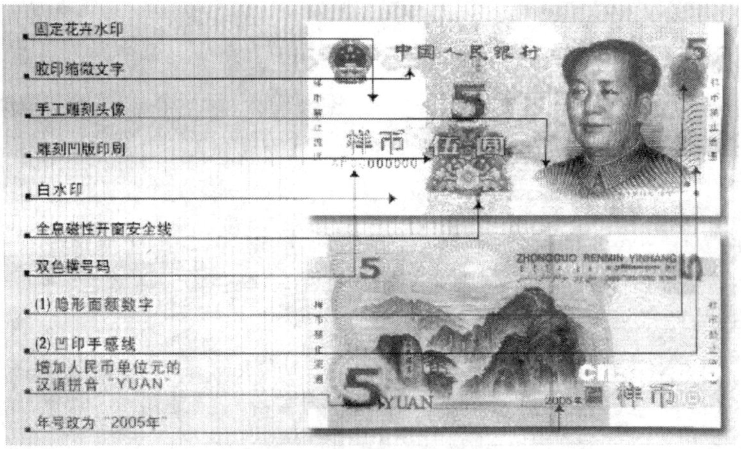

图 3.6 5 元券防伪标志

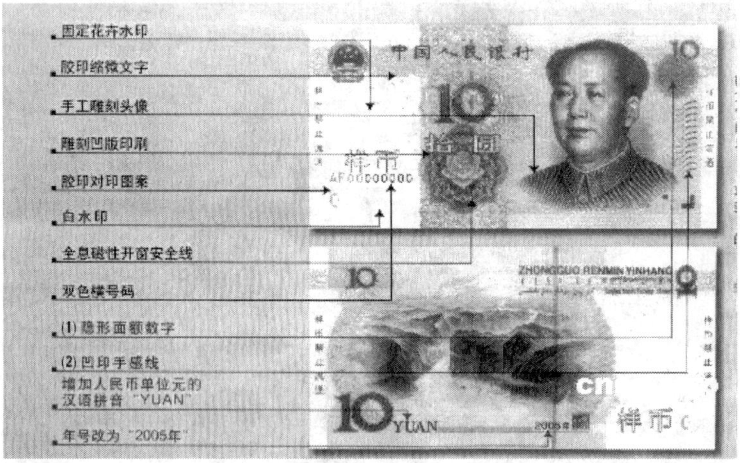

图 3.7 10 元券防伪标志

图 3.8 20 元券防伪标志

图 3.9　50 元券防伪标志

图 3.10　100 元券防伪标志

四、验钞中常见的几个问题

收银员在收银的过程中若发现可疑票币，可按以下步骤进行处理。

① 拿到可疑票时，应仔细辨认鉴别。若难以辨别真伪可以暂扣，给持票人开临时收据。

② 在临时收据上列举暂扣票币的面值、号码、张数，准备上交的银行单位名称，并盖上公章，签上暂收人姓名。持票人凭暂扣证据查询银行鉴定结果。

③ 企业在暂扣可疑票币后应于当日或次日上午上交有关银行进行鉴定。

④ 如果确认是假币则应予以没收，并出具假币没收收据；如果不是假币应退还给顾客并道歉。

五、有关假币的几项规定

中国人民银行假币收缴、鉴定管理办法如下。

① 金融机构在办理业务时发现假币，由该金融机构两名以上业务人员当面予以收缴。对假人民币纸币，应当面加盖“假币”字样的戳记；对假外币纸币及各种假硬币，应当面以统一格式的专用袋加封，封口处加盖“假币”字样戳记，并在专用袋上标明币种、券别、面额、张（枚）数、冠字号码、收缴人、复核人名章等细项。收缴假币的金融机构（以下简称“收缴单位”）向持有人出具中国人民银行统一印制的“假币收缴凭证”，并告知持有人如对被收缴的货币真伪有异议，可向中国人民银行当地分支机构或中国人民银行授权的当地鉴定机构申请鉴定。收缴的假币，不得再交予持有人。

② 金融机构在收缴假币过程中有下列情形之一的，应当立即报告当地公安机关，提供有关线索。

1）一次性发现假人民币 20 张（枚）（含 20 张、枚）以上、假外币 10 张（含 10 张、枚）以上的。

2）属于利用新的造假手段制造假币的。

3）有制造、贩卖假币线索的。

4）持有人不配合金融机构收缴行为的。

③ 金融机构有下列行为之一，但尚未构成犯罪的，由中国人民银行给予警告、罚款，同时，责成金融机构对相关主管人员和其他直接责任人给予相应纪律处分。

1）发现假币而不收缴的。

2）未按照本办法规定程序收缴假币的。

3）应向人民银行和公安机关报告而不报告的。

4）截留或私自处理收缴的假币，或使已收缴的假币重新流入市场的。

上述行为涉及假人民币的，对金融机构处以 1 000 元以上 5 万元以下罚款；涉及假外币的，对金融机构处以 1 000 元以下的罚款。

④ 中国人民银行授权的鉴定机构有下列行为之一，但尚未构成犯罪的，由中国人民银行给予警告、罚款，同时责成金融机构对相关主管人员和其他直接责任人给予相应纪律处分。

1）拒绝受理持有人、金融机构提出的货币真伪鉴定申请的。

2）未按照本办法规定程序鉴定假币的。

3）截留或私自处理鉴定、收缴的假币，或使已收缴、没收的假币重新流入市场的。

上述行为涉及假人民币的，对授权的鉴定机构处以 1 000 元以上 5 万元以下罚款；涉及假外币的，对授权的鉴定机构处以 1 000 元以下的罚款。

⑤ 中国人民银行工作人员有下列行为之一，但尚未构成犯罪的，对直接负责的主管人员和其他直接责任人员，依法给予行政处分。

1）未按照本办法规定程序鉴定假币的。

2）拒绝受理持有人、金融机构、授权的鉴定机构提出的货币真伪鉴定或再鉴定申请的。

3）截留或私自处理鉴定、收缴、没收的假币，或使已收缴、没收的假币重新流入市场的。

想一想

收银员在工作过程中，若发现了假币该如何处理？

六、残损人民币的挑剔与兑换

1. 残损币的挑剔

因票币有残损，无法正常流通，因此要挑剔出来。挑剔的残损币包括以下几种。

① 票面损失，损及行名、花边、字头、号码、国徽之一者。

② 裂口超过纸幅1/3或票面裂口损及花边图案者。

③ 纸质较旧，四周或中间有裂缝或票面断开有粘补者。

④ 票面由于油浸、墨渍等造成脏污面较大，或涂写字迹过多、妨碍票面整洁者。

⑤ 票面严重变色、图案不清晰者。

⑥ 硬币破坏、穿孔、变形或因磨损、氧化、腐蚀而损坏部分花纹者。

2. 残损币的兑换

① 残损币的兑换标准。对于残损币的兑换，可参照如表3.1所示的标准。

表3.1 残损币兑换标准

兑换类别	兑换标准
全额兑换	1. 票面残缺不超过1/5，其余部分的图案、文字能照原样连接的 2. 票面污损、熏焦、水湿、油浸、变色，但能辨别真假，票面完整或残缺不超过1/5，票面其余部分的图片、文字能照原样连接的
半额兑换	票面残缺1/5以上1/2以下，其余部分的图案、文字能照原样连接者，应照原票面金额半额兑换
不予兑换	1. 票面残缺1/2以上的 2. 票面污损、熏焦、水湿、油浸、变色不能辨别真假的 3. 故意挖补、涂改、剪贴、拼凑或揭去一面的

② 残损币兑换程序。兑换残损票币时，需要填写格式统一的“残损票币兑换单”（具体格式见表3.2），经办人员根据标准仔细辨别真伪、券别和张数等，待共同确定可兑换的金额后，征得持票人的同意，当面在残损票上加盖“全额”或“半额”戳记及两名经办人员名章后，予以兑换。作废不能兑换的票币原则上不退给持票人，或加盖“作废”戳记后再退还给持票人。

表 3.2　残损票币兑换单

姓名：　　　　　　　　　　　　　　　单位：　　　　　　　　　　　　　　　年　　月　　日

券　别	交银行金额	要求兑换金额	实际兑换金额
经手人：	复核员：		

工作任务三　电子收银机的使用

一、电子收银机的功能

电子收银机（见图 3.11）是零售业或酒店（饭店）等服务业处理柜台业务的多功能计算机。具体来说，它具有如下主要功能。

① 准确、高效、自动地进行交易和信息处理。

② 商品单品管理。按商品编码销售（PLU 或条形码）。

③ 商品部门管理。按商品的大类或品种销售。

④ 员工管理。收银员的账务管理和营业员的劳动效率统计。

⑤ 顾客管理。记录顾客购物情况，分析购物高峰及倾向。

⑥ 促销管理。折扣、减价等。

⑦ 货币管理。多种付款方式、外币付款。

⑧ 收据的流水账管理。

⑨ 信用销售管理。信用卡结算和顾客挂账处理。

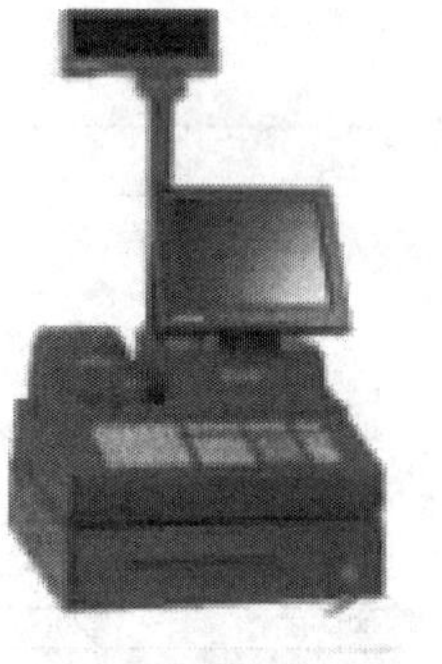

图 3.11　电子收银机

⑩ 税收管理。自动计算税金。

⑪ 非销售业务的收、支、借、贷处理。

⑫ 业务权限管理。限定交易的批准功能。

⑬ 部分后台管理。畅销表、滞销表、ABC 分析、库存管理和毛利计算。

⑭ 信息通信与连网处理。与 PC 或上位机通信形成收银机网络系统（POS 系统）。

⑮ 统计报表和查询管理。各种 Z/X 报表，有财务报表、PUL 报表、部门报表、收银员报表、营业员报表、货币分类统计报表、库存报表、时间段报表、客户报表和销售分析报表等。

⑯ 盘点数据的输入和复核功能。

以上是电子收银机所具有的主要功能。由于收银机的种类、档次、型号差异较大，某些功能低档、低类机是不具备的；或者有些功能虽然具备，但受用户的管理水平、应用环境等条件的限制，可能实现不了。

二、电子收银机的配置

① 中央数据处理部件。它是电子收银机的心脏,用于处理、计算由键盘输入的商品件数、金额等各种收款数据,控制收银机的各种设备和部件。

② 数据存储器。它用于存储收银机的程序和销售商品的数量、金额、税金及各类报表等数据信息。

③ 键盘。键盘用来输入各种销售数据,分为机械式键盘、电容式键盘及薄膜式键盘 3 种。前两种输入速度高,多用于企业和超市;薄膜式键盘防水、防尘,主要适用于餐饮业。

④ 打印机。它是电子收银机输出的关键部件,用于打印销售发票和管理存根。商业企业一般要求双层打印。打印机有字轮打印机、针式打印机、热敏打印机和压感打印机。

⑤ 显示器。电子收银机的显示部件一般有两个,一个是收银员用的显示器,另一个是提供给顾客用的显示器,这样方便收银员和顾客进行人机对话,多采用荧光数码或液晶数码显示。

⑥ 钱箱。钱箱用于存放收款现金,带有电子控制的开关装置。

⑦ 电子收银机的外部接口。它用于连接条形码阅读器、发票打印机、条形码电子秤及通信连网等。不同的收银机采取不同的外部接口。

⑧ 权限锁。权限锁用于实现权限控制。

⑨ 电子收银机的运作软件。它用于销售数据的输入、加工、输出、存储、传送和通信,并对各设备进行管理。

三、电子收银机的键盘及按键功能

(一) 电子收银机键盘

① 收银机基本键。数字键(0—9 数字)、运算键、促销控制键(折扣)、付款方式键(现金、支票、外币、信用卡和礼券等)、取消/更正键、交易结束键(小计、合计)等。

② 收银机功能键。部门分类键、锁定密码键、税率计算键、币值交换键、报表打印键和自由设置键等。

一般键盘约有 35 个键,右上角有一个钥匙插孔,通常分为 0—3 挡,每挡有不同的设置,例如:

0 挡——关闭状态挡。

1 挡——收银员挡。

2 挡——操作员/收银主管挡。

3 挡——计算机部挡。

电子收银机按键功能如下。

“查询”键:查询商品的价格。

“磅秤”键:对商品进行称重时使用。

回车键：用来确认各类操作。

“数量”键：收银员直接输入商品条码时，收银机默认的数量为1；当输入的商品数量多于1的时候，要在输入商品条码之前敲入商品数量，然后按“数量”键，再输入商品条码或货号。

“重复上次”键：“重复上次”键用来重复上一次的销售。例如，收银员输入5个“可口可乐”，此时按“重复上次”键，收银机将再增加5个可口可乐（“重复上次”键只能在销售过程中使用，并且重复上一次的操作）。

“小计”键：使用“小计”键可以在顾客显示器上显示已经输入收银机的商品价值总计。

“取消”键：“取消”键取消一次操作。例如，取消商品总计等功能。收款过程中，收银员如果取消某一个已经输入的商品，那么按“取消”键（收银机提示“请选择取消的商品或按取消键”），再用“向上一行”、“向下一行”、“向上翻页”、“向下翻页”4个键，选择所要取消的商品，并按“取消”键，收银机提示“是否要取消商品（Y/N）”。确定取消此商品时按回车键；反之按“取消”键。

清除键：“清除”键主要清除输入错误，前提是在没有按回车键之前。如收银员把39错输为29，在没有按回车键之前，按“清除”键可以把29清除掉。

“总计”键：此键只在结账时使用。

“向上翻页”键：这个键用来切换选项。

“向下翻页”键：这个键用来切换选项。

“向上一行”键：这个键用来切换选项。

“向下一行”键：这个键用来切换选项。

“现金”键：如果用现金方式付款，应先输入顾客所付现金金额，再按“现金”键。

“礼券”键：用礼券支付，直接按“礼券”键，不需要输入应付现金金额。

“支票”键：用支票支付，直接按“支票”键，不需要输入应付现金金额。

“银行卡/信用卡”键：用银行卡/信用卡支付，直接按“银行卡/信用卡”键，不需要输入应付现金金额。

“上岗”键：上岗时使用的键。

“下岗”键：下岗时使用的键。

想一想

收银员在推广促销活动时应注意哪些问题？

四、电子收银机的基本操作

由于不同型号的电子收银机操作方法各异，为说明问题，在此以MA－1650电子收银机（二类机）为例，介绍电子收银机的使用方法，如图3.12所示。

签到/收据	确认	收据打印	收据进纸	日记进纸
非交易	售货员	清　除		#
数值解除	选项修正	7	8	9
运货	×	4	5	6
过时更正	金额	1	2	3
及时更正	PLU	0	00	

普通型键盘(标准布局)MA－1650 键盘图

1	6	11	16	21	26	卡号	库存
2	7	12	17	22	27	入金	全部取消
3	8	13	18	23	28	支出	日
4	9	14	19	24	29	外币 1	%
5	10	15	20	25	30	优	选项总计
小　计	现金/合计		支　票	赊　销		优惠券	其他

图 3.12　收银机键盘

(一) MA－1650 的基本操作

1. 打开电源

首先检查开关的接触等情况,确认无误后打开电源。

2. 收银员登录、签退操作

收银员登录、签退有两种方式。一种为收银员开始收银的正常登录及停止收银的正常签退,另一种为收银过程中暂时停止收银(时间很短)必须退出收银状态的临时签退,恢复收银必须作临时签到。操作方法如下。

① 签到。输入 1111,按“签到/收据”键,打印出签到票据,进入销售状态。

② 签退。输入 0,按“签到/收据”键,打印出签退票据,退出销售状态。

③ 临时签退。输入 9,按“签到/收据”键,打印出临时签退票据,收款员暂时离开,不久将返回。

④ 临时签到。输入 1111,按“签到/收据”键,打印出临时签到票据,可以进入销售状态。

3. 交易操作

收银机操作既可按部门输入商品信息,也可按 PLU 码输入商品信息。

① 一笔交易的操作。输入单价、部门号、金额(顾客付款),按“现金/合计”键。

② “×”键的操作(多个同一商品的输入)。输入数量,按“×”键,输入单价、部门号,按“小计”键,输入金额(顾客付款),按“现金/合计”键。

③ 多笔交易的操作。输入数量、单价、部门号,重复 n 次,按“小计”键,输入金额(顾客付款),按“现金/合计”键。

4. 改错方式

在收银操作中,有可能出现输入错误。根据错误发生的不同阶段或内容,有以下几种改错方式。

① 按"清除"键。输入过程中,将数字输错,在没有确定部门之前,按"清除"键,清屏后重新输入正确数量或金额,然后继续后面的操作,此时钱箱打不开。输入数字(数量或单价),按"清除"键,输入数字(正确)等。

② 按"及时更正"键。除去或更改最后一项,并在收据和日记上对所除去项目的上面打印一条线,说明画线的款项没有收。它与"清除"键的区别在于:发现输入错误,如果没有按"部门"键,可按"清除"键清除,然后重新输入正确信息;如果已按"部门"键,则需按"及时更正"键,删掉此项信息。按程序输入后,按"及时更正"键,重新输入数量、单价、部门号,按"小计"键(可继续输入正确信息),输入金额(顾客付款),按"现金/合计"键。

③ 按"过时更正"键。在当前销售中删除或更改前面已输出的某一项(非最后一项)。输入数量、单价、部门号,按"过时更正"键,重新输入数量、单价、部门号,按"小计"键(可继续输入其他信息),输入金额(顾客付款),按"现金/合计"键。

5. 全部取消

当前项交易在结束前,发现要取消所有的操作。输入数量、单价、部门号,先后按"小计"、"全部取消"、"及时更正"键。

6. 退货

用于顾客退货后退款的操作(退货不能按"及时更正"或"过时更正"键的,需要在部门主管监督下进行),输入退货、金额、部门号,按"小计"、"现金/合计"键。

7. 商品打折

目前由于商家的经营方式比较灵活,有打折、优惠等形式多样的促销手段,所以利用收银机收银,可以使各种促销方式更灵活,账务管理更方便、快捷。

① 单品打折。销售中某一种商品要减去一个百分比,这时就要输入数量、单价、部门号、折扣数,先后按"%"、"-"和"小计"键,输入金额,按"现金/合计"键。

② 整体打折。对当前操作的所有项目要减去一个百分比,这时要输入数量、单价、部门号,按"小计"键,输入折扣数,按"%"、"-"键,输入金额,按"现金/合计"键。

③ 金额折扣数。用于从销售中减去一定的金额,作为销售的折扣。输入数量、单价、部门、金额(减的金额),按"POS"键,输入金额,按"现金/合计"键。

8. 非现金键的操作

目前很多企业的结算方式不止现金一种,也可使用支票、优惠券或信用卡等方式结算,这些形式收银机都能很好地实现。

① "支票"键的作用。输入数量、单价、部门号,按"小计"键,输入金额(实际购物金额),按"支票"键。

② "优惠券"键的作用。输入数量、单价、部门号,按"小计"键,输入优惠金额,按"优惠券"键。

③ "赊销"键的作用。输入数量、单价、部门,先后按"小计"、"赊销"键。

9. 利用 PLU 键输入商品信息

目前,各商家多以商品的 PLU 码进行信息输入,其操作方法与上述操作方法基本相同,只是将输入单价改为输入编码,由“部门”键确定改为PLU键确定。这种输入商品信息的方法可利用条码扫描仪,从而大大提高商品信息输入的速度。

(二)三类电子收银机的操作

1. 三类机的基本功能

三类电子收银机,即基于PC的电子收银机或PC-BASE,是智能型的真正意义的POS系统收银机,也称为PC-POS电子收银机。三类机具有以下几项功能。

① 收银机交易功能。PC-POS电子收银机与其他收银机一样,首先具有收银机的各项交易操作、收据打印和一般销售报表打印等功能。这些功能均由PC-POS电子收银机的前台销售系统完成。

② POS后台数据管理功能。PC-POS电子收银机还具有POS系统的后台数据处理的功能,用来提供各种管理信息,完成商品的进、销、存、退的各项管理工作,打印输出各种需要的规范报表。这些功能均由PC-POS电子收银机的后台销售系统完成。

③ PC功能。有的PC-POS电子收银机使用收款操作与PC操作分开的键盘,当使用PC键盘时,可以完成PC所具有的各种操作功能,如文件管理、程序设计、文字处理等工作。

④ 连网功能。一般情况下,PC-POS电子收银机不仅可单机使用,也可以连网使用。

2. PC-POS电子收银机实例

由于生产厂家不同,商家的管理方式各有特点,因此其PC-POS电子收银机的软件程序也不尽相同,本书仅以ED-101、PC-POS电子收银机为例进行简单介绍。

ED-101、PC-POS电子收银机在机型设计上采用收银机与PC相对独立的结构,工作时间不同。在进行收款操作时,它是一个功能完整的标准电子收银机,而在使用PC部分时,它又是一台标准的PC,可进行PC上的各种系统开发、数据处理及文字处理等一切工作。

ED-101、PC-POS电子收银机的基本功能如下。

① 键盘功能说明。ED-101、PC-POS电子收银机的键盘为128键,分为左右两部分。左侧为84键的PC操作键盘,右侧36键为收银机键盘,这两部分只能有一个在进行工作,互相锁定。

② 商品建档登录操作。ED-101的商品登录通过运行软件PRODUCT. EXE完成,在DOS操作系统下执行PROD-UCT指令完成,具体操作如下:

C:\>PRODUCT<ENTER>

屏幕显示主菜单画面,从下拉菜单中选择“新产品建档”命令后,屏幕显示如图3.13所示。

序号	条形码编码	商品名称	售价

图3.13　屏幕显示内容

当输入商品的有关数据后,屏幕显示如图3.14所示。

序号	条形码编码	商品名称	售价
1	2208655001740	猪肝	2. 60
2	6924187828544	洽洽香瓜子	4. 90

图 3. 14　屏幕显示数据

在上面的输入操作中,序号是自动生成的。

商品的条形码输入可以有以下 3 种方法。第一,用条形码阅读器扫描商品的条形码,该商品的条形码自动输入。第二,用键盘输入条形码编号,ENA－13 条形码及 UPC－A 条形码只需要输入 12 位数字,校验码不必输入。ENA－8 码及 UPC－E 码只要输入 7 位数字,系统会在前面自动补 21 作为区别,其余自动补零。第三,店内码为 6 位,可随意编码输入,系统在前面自动补 20 作为区别。

输入条形码后依次输入商品的名称和售价即可完成一个商品的建档。新商品建档完成后按 Esc 键回到菜单。

③ 机器工作状态的设置操作。收银机的机器工作状态设置操作可在进行商品销售时随时进行,该项操作在系统的前台销售程序系统中。操作时应先进入销售状态,在 DOS 状态下输入命令。进入正常的销售画面,在此画面下按收银机部分的功能键即进入机器工作状态的设置操作,屏幕显示“机器设定及结算表”的菜单,收银员可移动光标到需要的功能进行选择并按 Enter 键进入有关的操作,如可修改时间、进行折扣数额的确定、有效位数设置等,但收银员无权操作及修改,只能是专门的管理人员进行操作。

④ 收款操作。例如,某顾客购买编号为 200352 与 300456 的商品各一件,价格分别为 25 元、54 元。操作为:输入 200352,按“#”键,输入 300456,先后按“#”、“1”、“ST”、“CA/TL”键。或读商品条形码:依次刷 200352、300456 号条形码,先后按“ST”、“CA/TL”键。

⑤ 商品销售时段结账报表的生成。根据需要,可打印各种报表,如销售时间段报表、PLU 报表等。

想一想

在收银操作中,有可能出现输入错误。当出现错误时,收银员该如何进行纠错?

(三) POS 收银机操作

① 开机。打开收银机的电源开关,等待机器的启动,直到出现“员工登录”窗口。

② 登录。在“员工登录”窗口中,先输入正确的员工号,按 Enter 键,然后输入口令再按 Enter 键,如果口令正确即可进入系统。

③ 退出。在“销售”窗口中,按 Enter 键(或 1 键)表示确认,即退回到“员工登录”窗口,等待下一个员工登录。

④ 关机。若当前在“销售”窗口中,则先按前条所述退出;若在“员工登录”窗口中,则按“退出”键,屏幕上会出现两个询问窗口,按 Enter 键(或 1 键)后表示确认,等待片刻,直到出现“现在您可以安全地关闭计算机了”字样即可关闭电源开关。

⑤ 输入交易明细。在“销售”窗口中，在明细“货号”栏输入商品代码“可以采用条码扫描、键盘输入代码和热键3种方法）。如果没有此商品，就不显示该商品的名称等信息且光标停留在“货号”栏中；如果存在此商品信息，就将显示出该商品的名称、单价等信息。在“数量”栏中输入销售数量，若不输入数量则默认为1。如要修改，则可以使用箭头键，将光标移动到需要修改的明细上直接进行修改。

⑥ 交易开票。按照前一步所述，进入交易开票后，屏幕右上角第二行将显示当前交易的“应收”金额，在“预付”金额中输入顾客所付的金额数，按Enter键后显示出“应找”金额，再按“开票”键，当前交易即完成。

⑦ 退货。在“销售”窗口中，按“退货”键即打开“退货”窗口。如果屏幕中间出现“经办人登入的窗口”，就说明当前登入的员工没有“退货”权限。若经办人登入成功则打开“退货”窗口。

⑧ 冲账。冲账就是对已经做过的交易产生一笔新的交易使之相互冲抵。

在“销售”窗口中，按“冲账”键即打开“冲账”窗口。如果屏幕中间出现“经办人登录”的窗口，就说明当前登录的员工没有“冲账”权限。如果经办人登录成功，则打开“冲账”窗口，选择某一笔交易，按“开票”键后进入冲账。

⑨ 修改口令。在“销售”窗口中，按“功能”、1键，出现修改口令框，先输入旧的口令，如果正确就可以输入新的口令，然后将新的口令再输入一遍，前后口令必须一致。

五、收银机结束工作的操作

① 收银机在结束工作后要退出工作状态，如图3.15所示。

② 二类机在结束工作后退出工作状态时，收银员要进行签退程序的操作。操作方法如下：输入0，按“签到/收据”键，然后将钥匙拨到锁机挡。此时键盘上所有按键都失去作用，然后关闭电源开关。

图3.15　收银机退出工作状态

③ 三类机则根据屏幕提示用户，按步骤退出收款状态且回到主画面日结，取出钱款，收银员签退，退出系统，然后关闭主机电源开关。

复习思考题

一、名词解释

1. 假币
2. 电子收银机
3. 人工点钞法
4. 机器点钞法

二、简答题

1. 点钞的工序是什么？
2. 点钞的基本要求有哪些？
3. 钞票整理的具体要求有哪些？
4. 假币的种类与特征是什么？
5. 验钞的主要方法有哪几种？
6. 电子收银机的功能是什么？

三、实践题

将学生分成几个学习小组分别到一家超市熟悉收银流程，实训收银员基本操作技能。

项目四 收银台工作程序

学习目标

通过本项目内容的学习，要求了解收银台工作常识、条码扫描知识、消磁系统知识，掌握收银台工作程序。

项目重点

收银台工作程序。

工作任务一　收银台工作常识

收银台是物流、资金流、人流和信息流的集中点，是物与钱的交换点。在“自助式”的经营形态之下，收银工作便显得格外重要，成为超市工作管理中相当重要的一环。要想成为一名优秀的收银员，就要做到既保证顾客满意又要安全上岗，还要确保无差错地收银。因此，认真学好收银的基本知识，了解收银操作的基本规范，掌握好收银机的操作和简单的故障排除是十分必要的。

收银工作中的常用术语和名词、条码扫描知识、消磁系统知识以及收银员服务规范等工作常识，是每一位收银员必须熟悉和掌握的。同时，熟悉和掌握收银台工作常识，有利于收银员尽快熟悉收银台工作内容，熟练掌握收银台工作程序。

一、收银工作中常用的术语和名词

任何工作都有自己的专业术语，收银工作也不例外。收银工作中有很多专业术语和名词，只有熟悉这些术语和名词，才能充分了解收银工作。这里主要介绍一下收银过程中的常用术语和名词。

1. 商品

商品的本义是指用于交换的劳动产品，在这里指的是商场或超市摆放在售货架上用来出售的所有物品，顾客必须经过付款程序方能取走自己所选的商品。

2. 赠品

赠品是商场、超市自身提供给顾客或供应商通过商场、超市提供给顾客的免费产品，不需要付款程序即可得到。通常赠品的外包装上有明确的“非卖品”、“试用（吃、饮）装”、“赠品”等标志,或者与商品进行捆绑包装和销售。

3. 已付款商品

已付款商品是指对家电、化妆品、香烟、茶叶和酒类等专柜销售的部分商品,顾客已在其专柜收银机上付款,有计算机小票作凭证并符合特定包装的商品。已付款商品经出口时,收银台不再收款。

4. 未付款商品

未付款商品是指顾客在结账时因种种原因不要的商品。收银员必须将此类商品放置在指定的位置,并及时回收到商品所在的营业层面。

5. 购物袋

购物袋是商场或超市用来为每一位购买商品的顾客盛装已付款商品的,同时也是商场或超市为顾客提供的一种服务方式。为了加强环保意识,现在超市的购物袋都需要付款购买。

6. 特价信息或传单

特价信息或传单是指含有公司促销活动和商品优惠信息的一种印刷品。收银员可按规定发放给顾客或熟记其中的内容。

7. 计算机小票

顾客付款后,收银机会依据商品的销售信息打印出一份销售清单,这份清单被称为计算机小票(或收银小票),包括商品名、价格、数量和金额等信息。收银员必须对每一位付款后的顾客提供与其所购商品相符合的计算机小票。

8. 现金收款

收银员可直接接受人民币现金付款并执行现金收款程序。

9. 银行卡或信用卡收款

收银员可直接接受银行卡或信用卡付款并执行银行卡或信用卡收款程序。

10. 支票或其他有价凭证收款

收银员不能直接接受支票或其他有价凭证付款,必须在收银管理人员的权限下,按指定程序进行操作。

小案例

利用假支票诈取高档商品

2010 年 6 月 20 日,一顾客(自称是北京第五工程公司第一工程处的业务员,在薄利名烟名酒行通过转账方式购买了软中华烟一件。6 月 24 日下午 4 时许,该店又接到这位顾客的请求,称其需要软中华烟 9 件,硬中华烟两件(零售价为 90 600 元),门店按顾客要求提供详细报价,认为条件尚可同意成交,在结账时顾客提出以银行转账方式进行结算,门店派出纳陪同顾客到农业银行进账,在乘坐出租车途中,出纳要求该客户出示支票,该客户随即将支票交到出纳手中,出纳并无查出异常情况。到银行门口时该客户从出纳手中要回支票,出纳陪同其到银行进账,进账后该客户将回单放入包中,出纳要求其交回回单复印留存,该顾客便从包中拿出回单。事后出纳与顾客回到门店,门店在看到回单,记下手机号码后放货。两天后,门店与银行对账时发现未到账且无进账情况,随即报案。经公安机关调查,并无北京第五工程公司第一工程处,其所用账号为 5 月 18 日申请,6 月 15 日核发,该客户留下的手机号码是6月20日上午开始使用的，在业务结束后随即停止使用，警方从银行查看了开户资料，认定其全部为伪造。

11. 找零

找零是指顾客使用现金付款时，收银员为顾客退回多余的钱。

12. 兑零

兑零是指收银员在零钱不足时，应请求兑换零钞。

13. 退换货办理

收银员不能直接在其收银机上进行退换货业务的办理。退换货只能在规定的地方和收银机上由授权人员进行办理。

14. 发票中心

发票中心是指专门为顾客开具购物发票的地点，通常由店内的服务台办理。

15. 请求帮助

请求帮助是指收银员用公司规定的方式（如警灯、信号牌和广播等方式）请求管理人员在收银台发生如下情况时提供帮助。

① 设备故障。

② 零钞不足、购物袋不足。

③ 商品不能扫描、无条码或条码错误。

④ 商品标志价格与系统显示价格不符。

⑤ 顾客异议、争执。

⑥ 顾客遗忘商品。

⑦ 超出操作权限。

⑧ 其他突发事件（如抢劫、打架或停电等）。

16. 暂停收银牌

暂停收银牌是收银员暂时离岗停止收银时，放置于收银台上用于提醒顾客的告示牌。暂停收银牌必须在停止收银前出示，以免有更多的顾客继续排队结账。

17. 清洁用具

清洁用具是指收银员做收银区域卫生时用的抹布、清洁桶等。

18. 饮水、就餐、如厕

收银员在工作时间内的任何临时离岗都必须经过当值收银管理人员的批准，如饮水、就餐、如厕等。

19. 公司制度

公司制度是指公司的各项规章制度，包括《员工手册》、《收银人员工作制度》、《内部员工购物暂行规定》和《顾客服务规范》等。

二、条码扫描知识

条码扫描销售是超级市场、连锁超市等零售业态的主要销售方式，所以超级市场、连锁超市等零售业态又被称做条码扫描商店。在这里，收银员的输机操作主要依靠条码扫描来进行。因此，掌握条码扫描知识是收银员做好收银工作，提高工作效率的重要保障。

（一）条码扫描的方式和原则

1. 条码扫描的方式

收银员在收款时要对顾客所有选购商品上的条码进行扫描。条码扫描的方式主要有以下两种。

① 机器扫描。机器扫描即用条码扫描器对商品的条码进行扫描。

② 人工扫描。人工扫描即对机器多次扫描无效的条码改用手工输入的操作方式进行扫描。

2. 条码扫描的原则

条码扫描的原则如下。

① 快速扫描原则。快速扫描要求收银员以最快的速度对商品的条码进行扫描，因此收银员必须熟悉一般商品条码印刷的位置，扫描时要保证条码正对着扫描器或扫描枪等。快速扫描是提高收银员工作效率、减少顾客排队等候时间的重要措施。

② 无漏扫描原则。无漏扫描是指收银员在结账时，要保证顾客所选购的每一件商品都被有效扫描过，在顾客已付款的商品中，也无商品遗漏扫描。遗漏扫描会直接造成企业的经济损失，因此保证无漏扫描是收银工作的重点之一。

议一议

每种商品的条码都代表什么意思？还记得条码有多少位吗？

（二）条码扫描例外的处理

收银员对商品的条形码经过多次扫描都不成功的情况称为条码扫描例外。常见的条码扫描例外及处理原则如下。

1. 条码失效

条码失效一般是由于商品上的条码损坏、有污渍、磨损或条码印刷不完整、不清楚而导致的。

对条码失效的处理原则是：在同样商品中找到正确的商品条码，然后用手工输入的方式解决；对于印刷不完整、不清楚的条码应重新计价印刷。

2. 条码无效

条码无效一般是由于商品上的条码编码错误、条码重复使用或使用了假码而导致的。对条码无效的处理原则是：核实商品的售价后将商品售卖，并且将该例外进行记录，通知有关管理人员进行解决。

3. 多种条码

多种条码一般是由于商品的包装改变或促销装商品的赠品条码有效而导致的。对多种条码的处理原则是:核实正确的条码然后通知有关管理人员改正所有的非正确条码,对错误的条形码应予以完全的覆盖。

4. 无条码

商品无条码一般是由于商品本身无条码、自制条码脱落或商品的条码丢失而导致的。对商品无条码的处理原则是:首先要找到正确的条码,用手工扫描的方式输入,还要通知有关管理人员对剩余商品的条码情况进行及时的检查。

三、消磁系统知识

消磁系统是利用声电、声磁原理所设计的,专门用于商场和超市等经营场所防盗的设备,主要通过系统的特定标签在通过检测装置时发出警报,从而起到防盗的作用。

商品消磁具有重要的意义。消磁是商场和超市重要的防盗措施。消磁工作的要求是100% 的准确性,以减少顾客投诉和出口处稽核的工作负担。

(一) 防盗标签的消磁

不同的商品标签消磁方式也不同,主要有以下两种。

1. 软标签

软标签的特点是一次性,不能循环使用,具有隐蔽性,主要用于保健品、酒类、化妆品、磁带、CD、电池和糖果等商品。软标签的消磁方式是在顾客付款时,由收银员通过收银机的消磁系统消磁,使其报警功能消失。

2. 硬标签

硬标签的特点是永久性,可循环使用,不具备隐蔽性,主要用于服装、内衣、皮具、皮鞋、酒类和高档食品等商品。硬标签的消磁方式是在顾客付款时,由收银员用特定工具将标签取下并收回。

(二) 消磁的操作要求

① 只有正在收款的当班收银员才能对商品进行消磁。

② 只有在顾客付款的过程中才能消磁;要保证所有付款后的商品都已经正确消磁;未付款商品不能消磁。

③ 应对商品逐件进行消磁,所有通过消磁程序的商品都必须确认被正确消磁处理过,应避免处理不完全或遗漏处理的工作失误。

④ 如果消磁系统出现异常,收银员有责任第一时间报告收银管理人员并请求帮助,在系统未恢复正常工作前应停止收银操作。

(三) 消磁的操作原则

① 快速消磁。快速消磁即以快捷的速度将每一件已经扫描成功的商品进行消磁。

② 无漏消磁。无漏消磁即保证每一件商品都经过消磁且消磁成功。要求:熟悉商品消磁的正确方法和有效的消磁空间,掌握重点消磁的商品。

③ 保护商品。进行硬标签手工消磁时,不能损坏商品,应轻取轻拿。

(四) 消磁的方法

① 机器消磁。机器消磁即用消磁器进行消磁的方式,适用于商品的软标签。

② 人工消磁。人工消磁即用手工进行消磁的方式,适用于商品的硬标签。

(五) 消磁例外的处理

商品经过商场或超市出口处的防盗门时引起报警,称为消磁例外。

1. 常见的消磁例外

常见的消磁例外主要有以下几种情况。

① 遗漏消磁。是指商品在收银台未经过消磁处理。

② 消磁无效。一般是由于对商品消磁的方法不正确。

③ 超出消磁的空间。

2. 消磁例外的处理

① 收银员发现消磁例外时,必须对返回的已结账而未消磁的商品,在第一时间进行消磁处理,并且应对顾客或稽核员表示歉意。同时要记住消磁例外的商品,以保证下一次能正确消磁。

② 稽核员发现消磁例外时,首先应对由此引起的报警向顾客做解释,并快速查找未消磁的商品。如果的确属于商品未消磁,在征得顾客同意后将商品带回结账收银台进行消磁,提醒收银员要正确执行消磁程序。然后将已经消磁的商品还给顾客,并向顾客道歉。最后将消磁例外进行记录,并及时报告收银主管。

③ 收银主管接到消磁例外报告后,要提醒收银员认真工作并做好消磁例外的记录,以便处理和分享相关信息,并及时现场处理因未消磁引起的顾客投诉问题或纠纷。

四、收银员服务规范

收银属于一项服务性工作,每个收银员应当切实把顾客当做“上帝”,增强服务意识、提高服务质量。规范、优质的服务不仅能缩短顾客与收银员之间的距离、活跃卖场的气氛,而且对培养顾客的忠实度和提升企业的形象是非常有利的。

(一) 收银员的服务标准

实践一下

先找几个学生实际演练收银员的服务,再由其他同学找出毛病,最后示范标准服务。

1. 表情标准

收银员为顾客提供服务时应面带自然、亲切的微笑,切忌面部带有冷淡、生气、着急等让顾客看着不舒服的表情。

2. 动作标准

收银员为顾客提供服务时应身体直立、姿势端正、动作协调，给顾客一种非常自然、流畅的感觉，切忌斜立、歪头、叉腰、弯腰、驼背、耸肩、双手前叉、双手后背、手放口袋等不雅的姿态出现。另外，收银员在工作中要养成良好的行为习惯和职业习惯，包括走路时遇见顾客要主动让路，看见地板上有垃圾、纸片要随手拣起，有散乱放置的零星商品要及时归位等。不能在工作期间吃东西、抽烟、随地吐痰、乱扔杂物，还要避免对着客人咳嗽、打喷嚏、不停眨眼等，也不能当众揉眼、抠鼻、挠头、挖耳、搓脸、搔痒、化妆、修剪指甲、整理衣服、擦眼镜等。

3. 语言标准

收银员工作时应口齿清楚、语言标准流利、声音柔和适中，一般应采用标准的普通话；对特殊顾客可采用普通话以外的语言，如对说粤语的顾客可采用粤语对话，对外宾可用英语交流等。不管使用哪种语言，都必须注意使用礼貌用语、文明用语，切忌与顾客讲粗话、开不恰当的玩笑、嘲笑顾客、吹口哨、高声喊叫等。如果听不懂顾客的语言，也不能不予理睬，要尽量与顾客沟通。

（二）收银员的服务用语

收银员工作中有规范的服务用语，而且不同的情况下要使用不同的服务用语。

① 同顾客主动打招呼时，应说："欢迎光临"、"您好"、"早上好"、"中午好"、"下午好"、"晚上好"等。

② 称呼顾客的名字时，应说："××先生"、"××小姐"、"××女士"等。

③ 向顾客推销商品时，应说："您好，这是新商品……"，"您好，这种商品现在做特价，××元，非常便宜（优惠、超值），您是否购买"，"您好，要不要看一看××商品，现在是特价"等。

④ 向顾客传递特价信息时，应说："您好，这是最新的特价传单，您回去可以看一看"，"您好，这是新的特价快讯传单，您可以参考一下"等。

⑤ 如果发现顾客所持商品未计价，应说："您好，××商品没计价，请（麻烦）您去××地方计价"，"您好，××商品没计价，请您先付款，再去计价，回来可以优先结账"，"您好，××商品没计价，我去请人帮您计价，请稍候"等。

⑥ 发现营业员计错价时，应说："对不起，××商品计价错误，我请人帮您重新计价，请稍候"等。

⑦ 发现顾客寻找收银机结账时，应说："先生（小姐），请往这边走，这边结账"等。

⑧ 发现顾客将较多的商品放在手中而无购物车（篮）时，应将购物车（篮）提供给顾客，并说："您好，给您一个购物车（篮），这样方便您购物"，"您好，给您一个购物车（篮），请您将东西放在车（篮）里"等。

⑨ 发现顾客商品散落时，应弯腰或下蹲帮助顾客收捡商品，并说："没伤到您吧"，"您小心点，我来帮您"等。

⑩ 发现顾客有焦急、焦虑表情时，应说："先生（女士/小姐），请问有什么可以帮助您的吗"，"先生（女士/小姐），您需要帮助吗"等。

⑪ 发现顾客有不舒服等症状时,应说:“先生(女士/小姐),请问有什么可以帮助您的吗”,“先生(女士/小姐),您需要帮助吗”,“先生(女士/小姐),您是否有些不舒服,我能为您做点什么吗”等。

⑫ 发现顾客提前吃所购商品时,应说“对不起,先生(女士/小姐),请付款后再品尝,谢谢”等。

工作任务二　收银台工作程序

收银员在进行收款操作时,一定要按收银台规定的程序办理,并要在每一个工作环节中给顾客提供最好的服务。

一、收银准备工作

收银员在营业前,应做好以下几方面的准备工作。

(一) 清洁、整理收银台

营业前,收银员应对收银台及其四周的区域进行认真仔细的清洁、整理,以便为顾客提供一个良好的交款环境。

(二) 准备相关的设备和物品

收银员应于营业前准备好必需的设备和用品,主要包括以下几种。

① 点钞油。
② 各式记录本及表单。
③ 胶带和胶水。
④ 干净抹布。
⑤ 剪刀、便条纸和笔。
⑥ 订书机、订书钉。
⑦ 打印纸。
⑧ 钱袋(或钱箱)。
⑨ “暂停收银”牌及其他信号牌。
⑩ 验钞机。
⑪ 超市收银台还要准备消磁取钉器和CD取钉器以及购物袋等。
⑫ 其他的所需物品。

收银员应对以上必备物品进行逐一清点,如有缺失,要及时补充。

(三) 准备定额的零钱

准备各种面值的纸币、硬币,并检查零钱是否足额。

（四）检查银行卡刷卡机和消磁系统

收银员对银行卡刷卡机和消磁系统的检查主要包括以下几项。

① 检查银行卡刷卡机连线是否正常。

② 检查所有银行卡刷卡机是否放置了正确的银行卡单。

③ 消磁系统开机后是否可以正常工作。

（五）开启并检查收银设备

打开 UPS 电源，开启电子收银机，认真检查收银机、打印机、验钞机、扫描器等收银设备的运行是否正常。具体应检查以下项目。

① 收银机主机运行是否正常。

② 主显示器与顾客显示器是否正常显示。

③ 机内的程序设置和各项统计数值是否归零。

④ 收银机与后台服务器连接是否正常。

⑤ 信息传输是否正常。

⑥ 打印机工作是否正常。

⑦ 验钞机工作是否正常。

⑧ 工号与日期是否正确。

（六）检查自己的着装

收银台是商场的服务窗口，所以每个收银员上岗前都要认真检查自己的着装是否整洁得体，是否符合商场的有关规定，胸卡佩戴是否到位等。

（七）熟悉当日特价、调价和促销活动

商场经常有各种各样的促销活动，作为收银员，应当熟悉当日特价、调价和促销活动，积极推广本商场的促销活动。在推广促销活动时应注意以下几点。

① 当顾客所购商品的金额已接近这次活动所需金额时，收银员应该提醒顾客再选购一些商品就可以得到这次促销活动的某种优惠或赠品。

② 收银员应将促销活动的有关注意事项简要地告诉顾客，如活动的截止日期、所需的购物金额等。

③ 促销活动有“累计”计算和“不累计”计算之分。在“不累计”计算的促销活动中，收银员应注意对此进行宣传，以避免与顾客之间因误会而导致一些不愉快场面的出现。

另外需要注意的是，收银员应明确购物折扣的对象，如使用会员卡的购物折扣所包含的商品、会员卡与其他购物卡是否可以合并使用、购物折扣的有效日期等。

想一想

如果特价商品在收银机中没有更正，收款时被顾客发现了怎么办？

二、收银操作程序

收银台的收银操作程序如下。

1. 输入密码

开机后,收银员正确输入自己的上岗密码。每个收银员只允许用自己的密码上岗。

2. 欢迎顾客

收银员看到顾客来到收银台前结账时,应面带笑容地向顾客问候,常用的问候语有:“欢迎光临”,“您好”,“上午好/中午好/下午好/晚上好”等。

3. 扫描商品

在超市,当顾客结账时,收银员要首先协助顾客将其所选购的商品放在收银台上,然后将每件商品的条码正对激光平台或扫描枪轻轻一扫,当听到“嘟”的响声后,证明扫描成功,商品信息即输入到电子收银机。若遇扫描失败,则改用手工方式输入商品代码。商品扫描完成后,应立即检查显示屏显示的商品信息与顾客所购商品是否一致,同时要注意检查购物车或购物篮的底部及顾客手中是否还留有未经扫描的商品,以防漏扫。在进行商品扫描时,要声音自然清晰地逐项念出每项商品的金额,同时注意扫描完的商品必须与未扫描的商品分开放置,避免混淆,另外还要特别注意避免商品扫描不成功而未重新扫描、未正确使用数量键、未做遗留商品的检查、重复扫描商品等工作上的失误。

4. 对商品进行消磁

在超市,收银员要逐一将扫描后应消磁的商品进行消磁,对采用硬防盗标签的商品,要在不损坏商品的前提下消磁,避免遗漏消磁或不消磁。收银员通常可采取的消磁方式包括消磁器消磁和人工消磁两种。

5. 唱收钱/卡

① 如果顾客以现金付款,收银员应当着顾客的面点清钱款,确认金额,并检查是否有伪钞和残损钞票,然后面带微笑地对顾客唱收:“您的商品共计××元,收您现金××元。”

② 如果顾客以银行卡付款,收银员应面带微笑地对顾客说:“收您××卡一张”,并礼貌地告诉顾客稍微等待进行刷卡结账。

③ 收银员在收款过程中应注意避免未唱收钱卡、未检查伪钞或残损币、点错现金等工作失误。

6. 唱付找零

收银员收到顾客交来的货款后,应将所收的钞票、零币分类放在收银机钱箱内规定的小格子中,关闭钱箱,双手将找零现金、银行卡、计算机小票或销售发票及相关单据等交给顾客,同时进行唱付:“找您××元零钱,请点好! 请拿好单据!”当顾客离开收银台时,还要主动地对顾客说:“谢谢光临! 请慢走!”

唱付找零过程中应注意避免未唱付找零、找错零钱、忘记给顾客小票或相关单据、银行卡收款程序操作不当等工作失误。

三、商品装袋打包

超市的收银员除了向顾客提供收银服务以外，还要向顾客提供商品装袋打包的服务。因此，收银员应熟练掌握商品装袋打包的原则和技巧。

（一）商品装袋打包的原则

将商品装袋打包应遵循以下原则。

1. 正确选择购物袋

购物袋的尺寸有大小之分，收银员应根据商品的数量多少、体积大小、形状、重量等要素来正确选择购物袋，应做到既能满足顾客的需要，又能尽量减少超市不必要的浪费。

2. 商品分类装袋打包原则

将商品分类装袋打包是非常重要的。科学的商品分类装袋打包，不仅可以提高超市收银员的服务水平，增加顾客的满意度，也能够充分体现顾客为上的服务理念。

商品分类装袋打包应遵循以下原则。

① 生鲜类食品和速冻食品不与干货食品、百货食品混合装袋。

② 生鲜类食品中的熟食、面包即食类食品不与其他生鲜食品混合装袋，应注意生熟分开。

③ 生鲜类食品中，海鲜类食品不能与其他生鲜食品混合装袋，避免串味。

④ 水果不能和未处理的生鲜蔬菜放在一起。

⑤ 化学用剂类商品（如洗发水、香皂、肥皂、洗衣粉、各类清洁剂和杀虫剂等）不与食品、茶叶等混合装袋。

⑥ 服装、内衣等贴身纺织品，一般不与食品类商品混装，避免污染。

⑦ 其他特殊的商品（如机油、油漆等）一般不混装。

3. 易提、稳定、承重合适原则

装袋打包过的商品应做到易提、稳定、承重合适，同时还要避免重复装袋，尽量充分使用购物袋，以节约成本。

（二）商品装袋打包技巧

收银员应掌握以下商品装袋打包技巧。

① 商品分类后，再确定购物袋的数量、尺寸及混装方法。

② 考虑商品的易碎程度，易碎的商品（如方便面、膨化食品等）能分开装最好；如果不能分开装，则应放在购物袋的最上方，以防被压碎。

③ 考虑商品的轻重，重的商品放在底部，轻的商品放在上面。

④ 考虑商品的强度，将饮料类、罐装类、酒类商品放在购物袋的底部或侧部，以起到支撑的作用。

⑤ 考虑商品的总重量不能超出购物袋所能承受的极限，商品的总体积不能超出购物袋，如果让顾客感觉不方便提取或有可能超重，最好分开装或多套一个购物袋。

⑥ 易流出汁水的商品应单独装袋。

⑦ 易碎商品、冷冻食品,要提醒顾客轻拿慢放。

⑧ 必要时,将超市的促销广告或赠品放人袋中。

⑨ 装完袋以后,应用礼貌用语对顾客说:“欢迎您再来!”

(三) 正确处理商品装袋打包过程中的特殊事项

① 如果商品过重,应将商品分开装入多个购物袋或多套一个购物袋。

② 如果商品体积过大,不能装入购物袋时,应礼貌地向顾客解释因购物袋大小问题,不能将商品装袋,并提醒顾客可以到服务台去捆扎商品。

③ 如果发现购物袋破裂,应立即去掉已破裂的购物袋,并换新购物袋重新包装。

④ 如果顾客请求多用一两个购物袋,不要犹豫或拒绝,应立即拿给顾客并将商品装入。

四、结账操作

为了及时准确地结算每日的营业款,商场和超市内一般设有总收款室。总收款室工作人员(简称总收人员)为各个收银台的收银员提供班结服务,以及时处理商场的营业款项。

(一) 班结的处理程序

① 收银员下班后,要进行班结处理,即将自己当班期间所收的营业款进行结算处理。此时,应将收银台内的现金和信用卡结算单据等票据清点清楚,填写好现金交款单并装入现金班结袋中,送往总收款室。

② 总收人员收取现金班结袋后,要记录收银机号和交款时间。

③ 总收人员打开班结袋,将现金及银行卡结算清单等相关单据分开,分别处理现金和相关单据,并登记《班结袋明细表》。

④ 由专人复核所有现金和相关单据的处理工作是否正确。

⑤ 总收人员将现金和相关单据归类存放于指定位置。

工作任务三　收银工作排班和排岗

一、收银工作的排班

收银工作的排班是非常重要的,收银速度的快慢是商场为顾客服务的最直接的体现。排班过多和排班不足影响服务水平和公司的人力成本。因此,收银工作的排班不仅需要有丰富的经验,同时还要根据系统的报告进行有效分析,使预计的排班能最大限度地与实际的销售额相匹配。

（一）收银排班的原则

① 收银三人原则。原则上保证每一台收银机前排队等候结账的顾客不超过三人。

② 匹配营业交易原则。收银台开机数量要与不同时段的营业额、结账顾客数相匹配，营业高峰期间开机数量多，营业低峰期间开机数量少。

③ 排班简单原则。为了体现方便原则，尽量使收银员每周的班次简单易记，如每周上同一班次，而不是一周内两三个班次轮换。

④ 成本原则。结合超市的总体运营情况，将总工时控制在公司要求的范围内，避免收银员闲置状况，有效减少人力开支，更好地体现超市低成本经营策略。

（二）影响收银排班的要素

收银排班应考虑门店的营业时间，营业高峰、离峰时间，假期、节令及促销活动，正式人员与兼职人员的相互搭配等因素。影响收银排班要素有以下几个。

① 商店全天的营业时间：如早 8:00—晚 10:00。

② 各个营业的时段：平均每小时统计的结账顾客人数/交易金额/商品单品数。

③ 开机数量：各个时段要求的开机数量。

④ 工作餐时段：公司的就餐时段和不同班次的就餐时段。

⑤ 兼职与全职的人数等。

⑥ 员工的休息日、补休等。

⑦ 班次的时间段等。

⑧ 节假日、大型促销时段。

（三）收银排班的步骤

① 收银排班前，首先根据过去一个阶段的排班进行参考，特别是要对上一阶段中排班不足或排班过多的情况进行调整。

② 对本次排班的整个时间段的销售进行预估，包括对周末和工作日销售的计算。

③ 对每一天各个不同阶段的销售进行分析，确定各个重要时间段所需要开机的数量或根据经验决定开机的数量。

④ 考虑影响排班的 8 个要素，并初步排出科学合理的班次。

⑤ 对排班做进一步的调整，并考虑不同员工、不同班次的调整。

二、收银工作的排岗

收银排班决定某一时间段收银机的最大开机数量和收银员的人数，而收银工作的排岗则确定收银机实际的开机数量和开机的具体位置。

（一）排岗原则

① 数量原则。数量原则即要遵循收银三人原则与满开机原则。收银三人原则要求超

过 3 名顾客排队,必须加开新机;满开机原则要求营业高峰期间,开机的最大数量是开满所有的收银机而不是排班上的最大开机数量。

② 位置原则。位置原则即要遵循不选择原则、方便顾客原则和平衡分流原则。不选择原则要求收银员不能自己要求在某一指定的收银机上机,必须服从收银主管的安排;方便顾客原则要求便于顾客寻找,选择离顾客购物区域较近的收银机;平衡分流原则要求分流顾客,避免过多的顾客集中拥挤在某几个或某一小区域内付款。

③ 匹配原则。匹配原则是指排岗收银机的数量和位置要与现场付款客流量最大程度地匹配。

(二) 排岗技巧

① 客流法。客流法根据付款顾客的多少决定开机的数量和位置,即在某一时间段内,某一区域的客流量较多时,将临近区域的收银机开机。例如,早晨超市中购买生鲜食品的顾客多,则临近该区域的收银机应优先开机;当某几个收银机顾客较多时,选熟练、速度快的收银员排岗;根据顾客的流量,随时决定开机的位置和数量。

② 区域法。特别区域必须保证全工作时间内的开机,如精品区域;排岗考虑较大的区域内要有开机,以保证分散顾客、使顾客付款方便;某一收银区的付款顾客较多,另一收银区顾客较少时,在后者区域开机;开机时适当分散开机,尽量分散顾客。

三、工作餐的安排

1. 工作餐的安排原则

① 必须保证收银员能够在合理的工作时间内进工作餐,不能过早、过迟,甚至取消工作餐时间。

② 安排工作餐时以不影响收银工作为最佳的安排原则。

③ 工作餐由收银主管统一安排,收银员可请求用餐,但不得未经允许擅离岗位。

2. 工作餐安排

① 轮流。收银主管根据排班和排岗记录,进行轮流安排。

② 换岗。换岗即将进工作餐的收银员班结,另一收银员重新上机,收银机保持开机状态。

③ 暂停。暂停即将进行工作餐的收银员暂停收银,收银机处于关机状态。

工作任务四　收银工作中的特殊事件处理

一、设零与营业期间兑零

（一）设零/兑零的概念

① 设零。收银机上岗前(包括每日开店前和营业期间重新上岗前),必须在收银机的现金抽屉内放置起始零用金,每台收银机起始零用金相同。

② 兑零。营业时间为收银机提供的兑换零钱。

（二）设零/兑零的目的

① 设零的目的。确保所有收银机在执行收银程序时,可找零。

② 兑零的目的。保证每一台收银机在营业期间任何时候都有足够的零钱找零。

（三）设零/兑零的程序

1. 设零程序

设零程序如图 4.1 所示。

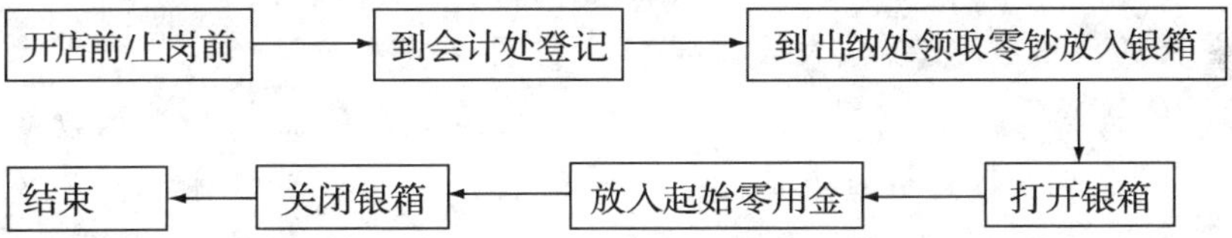

图 4.1　设零程序

2. 兑零程序

兑零程序如图 4.2 所示。

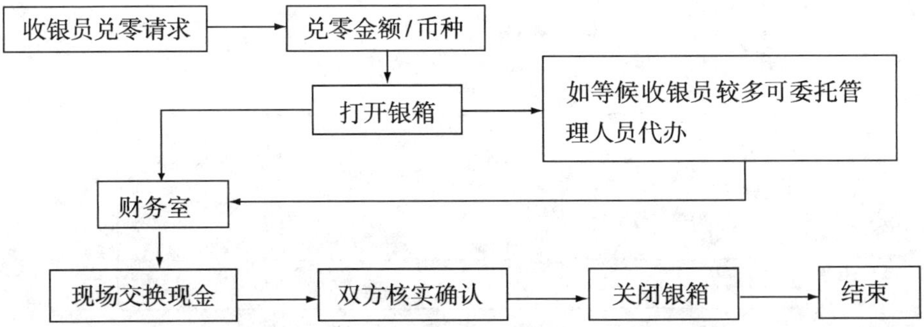

图 4.2　兑零程序

(四) 设零/兑零的原则

1. 设零原则

① 相同原则。所有收银机任何时间设置的起始零用金相同。

② 起始原则。收银机在重新上岗前必须重新设置起始零用金。

③ 不交接原则。设置零用金者与收银员均不得清点银箱内起始零用金。

④ 授权原则。起始零用金只能由超市收银管理层设置并接受相关监察人员的监督。

2. 兑零原则

① 充足原则。必须有足够的零用现金以随时满足收银机的兑零需求。

② 时间原则。兑零可随时进行,管理层在接到收银员兑零请求时应立即进行。

③ 地点原则。兑零必须在需要兑零的收银机岗位旁进行,不得远离岗位。

④ 现场核实结算原则。管理层与收银员现场确认现金数量、币种是否正确以及钱币的真伪,不得赊账或过后算账。

⑤ 授权原则。兑零只能由超市授权的收银管理层进行,收银员之间禁止进行兑零。

小案例

关于兑零的案例

一位男性顾客到日化区选了一瓶化妆品直接走到家电区收银台付款。收银员收了他100元现金,找零61元,其中有一张50的。顾客要求换零钱,这位顾客用手比划着,从始至终未曾讲过一句话,收银员不能理解他的意思,就递给他一张纸和一支笔让他写下来,但是这位顾客表示打不开这支笔,要求收银员帮他打开,收银员帮他打开后,顾客在纸上写了一句"一张50的找零",然后递给收银员,收银员找零钱后糊里糊涂地被顾客拉出了收银台,顾客把收银员拉出收银台后转身就走了。这时收银员自言自语地讲:"他怎么把我拉出了收银台呢?"收银员回到收银台时发现自己的钱少了,她没有及时通知周围的人,也没有向科长和防损科汇报,而是走到收银台点钱。等防损科知道后再追查,罪犯已经逃之夭夭。

(五) 设零/兑零营运表

设零/兑零营运表如表4.1和表4.2所示。

表4.1 设零营运表

设零时间	
设零地点	
设零人员	
零用基金可否清点	

表 4.2　兑零营运表

设零时间	
设零地点	
设零人员	
兑零的现场核实结算	
收银员可否相互兑零	

二、收银设备故障的处理

当收银设备出现故障时，如果能离开收银台，应对顾客说："对不起，收银设备出了故障，请跟我到其他收银台去结账。"然后领顾客去其他收银台结账。若不能离开，则应对顾客说："对不起，收银设备出现了故障，请您到其他收银台去结账。"收银台设备常见的故障与排除方法主要有以下几种情况。

（一）打印机故障

1. 打印机不能打印

① 检查电源是否打开。

② 检查数据线（即打印机与计算机主机相连的白色线）是否插好，检查前必须将打印机电源关闭。

③ 检查联机灯，在联机状态下方可打印。

④ 检查打印纸是否用完或是未进纸。

⑤ 检查计算机打印设置是否正确。

1）首先从"开始"进入设置中的"打印设置"。

2）查看打印机是否被暂停使用。

3）若使用共享打印机，检查与其连接的计算机主机是否开启。

⑥ 如果均不是以上情况，试试重启打印机（即关闭电源后再重新打开）。

2. 不能进纸

检查纸型调节挡的设置是否正确（默认停留在轮带纸挡位）。

3. 打印模糊或打印出来的单据没有显现

① 检查色带是否安装正确或有无脱落。

② 检查厚纸调节设置挡是否设置正常。

③ 检查色带是否耗尽，如是须及时更换。

4. 打印机的维护

① 每次关机后等 5 秒钟后才能再次开机，若频繁开关打印机，则会造成损坏。

② 营业结束时必须关闭打印机电源。

③ 打印机数据线（即计算机主机与打印机连接的白线）的拔与插两个过程，必须在关闭打印机电源后方可操作。

（二）电源故障

如果打开主机无任何反应，则应进行如下检查。

① 检查主机背部的主机电源线两头是否插牢。

② 检查电源插板上的开关是否打开。

③ 检查 UPS 的电源是否打开或输出电源上的插头是否插牢。

④ 检查排插总开关是否开启。

⑤ 检查 UPS 的保险管是否烧坏。

（三）UPS 故障

UPS 发出蜂鸣声时有以下几种原因。

① 检查 UPS 电源插头与排插处是否接牢。

② 检查是否停电。

③ 排插总开关是否关闭。

④ 检查 UPS 的保险线管是否烧坏。

三、收款、找零差错的处理

由于超市收银工作是一项直接与钱打交道的工作，所以需要收银员在收款过程中一定要细心、谨慎，并做好充分的工作准备。工作中难免收到大额现金，这就要求收银员在收银过程中必须随时保证有足够的零钱。如果零钱不足，必须向收银主管兑换，不能私自向其他收款机兑换、暂借或用私人的钱垫付。

（一）收款、找零原则

在找零过程中，应坚持以下原则。

① 唱收唱付原则。收银员在收款和找零时必须喊出来，告知顾客收款数额与找零数额，以免出现差错。

小案例

关于唱收唱付的案例

一天傍晚，一个年轻人到店里购物，拿了一张 100 元给收银员找，当收银员准备给他结账时，他突然说："等一下，我有零钱给你。"于是收银员把 100 元还给他，并收取了他的零钱。等结完账，年轻人对收银员说："你 100 元还没还给我。"见收银员满脸疑惑，他又补充一句："你看，就是那一张。"收银员虽然不大相信，见他如此肯定，只好拿出 100 元给他，还给他道一声"对不起"。到晚上结账，发现营业款少了 100 元。其实这种案例发生的次数不少，希望引起大家的注意，以避免不必要的损失，同时要加强对收银员的唱收唱付教育。

② 如数找零原则。收银员一定要如数找零，如遇到零钱不足无法找赎时，请求顾客稍微等待，兑零后再找，不能用小糖果等代替零钱。

③ 不亏待顾客原则。如找零时零钱不够，收银员宁肯多找零钱，也不能少找零钱。

（二）对顾客不要的零钱的处理

如果出现顾客不要的少量硬币，必须放在银箱的外边。当有顾客硬币不够数时，可用此充数。

（三）对各类顾客找零要求的处理

① 例如，顾客对找赎的零钱有要求，不能拒绝顾客，要满足顾客的要求。

② 例如，顾客不购物也要求兑换零钱，要满足顾客，不能拒绝。

③ 例如，顾客对找给的零钱不满意，如破旧、较脏等，必须满足顾客要求，给予更换。即使银箱关闭，等待第 2 次开箱时换，也不能拒绝顾客或极力说服顾客接受。

为了不影响正常收银及预防欺诈，对顾客用纸币兑换纸币的要求，应予以婉言谢绝；若店旁设有公用电话、自动售货机、儿童游戏机之类的设施，顾客要求兑换小额的零钱，最好请顾客至服务台兑换。

（四）收款、找零差错的处理

收银员在工作中由于注意力不集中或没有唱收唱付等原因，通常会出现收款、找零错误。当发生错误时，收银员首先应自我检讨，即使是顾客的错，也要照顾顾客的情绪，切忌同顾客发生争吵。

发生收款、找零差错时，收银员应采取以下正确方法处理。

① 询问。收银员非常有礼貌地向顾客问明交款和找款的数额、票面颜色、版面大小、新旧程度及交款时的细节。

② 回忆。收银员仔细回忆交易过程，查找差错发生的可能和原因，同时要与顾客讲述的情况进行对照，弄清事实真相。

③ 检查。根据询问和回忆的结果，检查销售小票等单据，或者请收银主管一起清点收款机内的现钞。如果是自己错了，应立即补齐钱款，并真诚地向顾客道歉；如果是顾客错了，千万不要责怪顾客，而应主动地说声“没关系”，以消解矛盾。

④ 调查。通过回忆、检查仍未解决问题时，收银员可向周围的目击者做调查，请他们帮助回忆、证实。

⑤ 盘点。在情况允许的情况下，进行商品盘点。如果当时无法盘点，可以让顾客委托一名当班营业员做监点人，留待晚上盘点，次日再将盘点结果告诉顾客。

⑥ 请示。如果收银员不能自己决定如何解决，可请顾客到收银组（科）同收银主管一起研究解决的办法。

⑦ 处理。

1）如果确属收银员的责任，应向顾客道歉，如对顾客真诚地说：“对不起，这是我工作中的失误，怪我太粗心了。”

2）如果属于顾客责任，不应多加指责，弄清了问题即可。

3）如果已经分不清责任，应虚心听取各方意见，尽快查清。

四、价格差异的处理

所谓价格差异是指商品货架标注价格与系统显示价格不一致、商品价格条码的价格与系统显示价格不一致或是商品摆放位置错误。价格差异的一般处理原则是以标价中的低价进行售卖，以使顾客满意。

价格差异的处理程序是：收银员发现价格差异后，应立即通知收银主管，由收银主管通知相关管理人员核实问题，然后确定交易价格并收银，同时感谢顾客，最后记录相关情况并及时反馈给业务主管。

具体处理办法如下。

① 商品货架标注价格与系统显示价格不一致时，应以低价进行交易，然后由相关管理人员及时更正货架标注价格和系统价格，使二者保持一致。

② 商品价格条码的价格与系统显示价格不一致时，应以低价进行交易，然后由相关管理人员及时更正价格条码的价格和系统价格，使二者保持一致。

③ 商品摆放位置错误时收银员应客气地对顾客进行解释，尽量争取用系统价格进行交易。若顾客不同意，则以低价进行交易，然后由相关管理人员将商品放回正确的陈列位置。

价格差异事件的处理应填制卖场价格差异登记表，如表 4.3 所示。

表 4.3　卖场价格差异登记表

年　月　日

货　号	品　名	计算机登记价格	卖场价格	收银员	备　注

五、收银员购物的处理

在自己工作的商场或超市中，收银员有权与顾客一样以相同价格购买各种商品，但必须在收银台使用现金或信用卡等方式付款。同时应注意，收银员只能在当天的非上班时间或休假时购物，还应遵守公司有关员工购物的相关规定。公司一般不允许员工穿工作服、戴工牌在本商场购物，也不允许员工将在本商场或其他地方购买的商品保存在本商场的工作区域。

为了加强对员工购物的管理，员工购物时应遵循以下规则。

① 收银员无论何时购物，都必须在公司指定的收款机上付款。

② 收银员购物时，如需开具税务发票或收据，必须经过收银主管的同意。

③ 收银员购物后必须经收银主管在其当次购物的计算机小票上签字后，方能出门。

六、其他事件的处理

(一) 收银中其他差错的处理

① 开错发票、填错支票的处理。要诚恳地向顾客道歉,在原票上注明“作废”并补开发票。对持支票的顾客,尽量减少其麻烦,协助其重新认真填写。

② 收银台的支援工作。让顾客在最短的时间内结完账,并且迅速通过收银台,这是每一位收银员的责任。因此收银区必须随时保持机动性。当收银台前有 5 位以上的顾客等候结账时,必须立刻加开收银机或者安排店内人员帮助收银员做好商品入袋服务,以减少顾客的等候时间。

③ 如果顾客多,有人催促时,应礼貌地对顾客说:“对不起,请稍等。”

④ 无零钱找零情况的处理。应找顾客零钱而没有时,应礼貌地问顾客:“您有 × × 零钱吗?”如果顾客有,应说“谢谢”;如果顾客没有,要说:“对不起,请稍等,我到总台给您兑换零钱。”然后立即向收银主管兑换零钱。收银员应注意不能向其他收银员兑换、暂借或用私人的钱垫付。

⑤ 当刷卡机不能用时,如果能离开收银台,应对顾客说:“对不起,刷卡机出现了故障,请跟我到其他收银台去刷卡。”然后领顾客去其他收银台刷卡;如果不能离开,则应对顾客说:“对不起,刷卡机出现了故障,请您到其他收银台刷卡结账。”

⑥ 当顾客发现随身携带的现金不足以支付所需货款时,应使用敬语安慰顾客,不要使顾客难堪,并建议顾客将不足支付部分的商品退货。如果已打好结算单,应将其收回,重新为顾客打一份结算单。如果顾客在交款时临时决定退货,应热情、迅速地为顾客办理退款手续。

⑦ 当发现顾客交的是残币,应礼貌地对顾客说:“对不起,请您换一下。”如果顾客追问原因,应说:“这钱交不上”,然后耐心说明原因。

⑧ 如果顾客提出批评时,应诚恳地说:“我的服务使您不满意,请多包涵。”

⑨ 如果收银台前没有顾客,收银员不能无所事事,应做好收银台的整理及份内的其他工作,如整理、补充收银台的各项必备用品,整理顾客的临时退货,兑换所需的零钱,擦拭收银台,整理环境,协助商场或超市做好其他工作等。

(二) 收银服务接待中的特殊情况及其处理

保证服务质量对于每一个工作岗位都是必备的,尤其是对收银来说更为重要,因为收银员代表了商场或超市的脸面。收银工作手册上要求,收银员要主动热情地接待每一位顾客。对待众多顾客的顺序应本着先来后到的公平原则,但在遇到抢险、救护等涉及生命安全的紧急情况时,则可以采取特殊照顾的政策。此时应向其他顾客解释清楚并做诚恳的道歉与感谢。

收银服务过程中可能存在几种规律性人为障碍,收银员应学会区别对待、妥善处理并提供相应服务。

1. 身体障碍

① 对视觉障碍者(失明、弱视)的服务。从事此类收银业务时,收银员应主动上前帮助,如搀扶引路、安排座位、代送代填单据(或提供花镜)、说明服务程序、逐项提醒等。

② 对肢体障碍者(含因年龄、体残、疾病、怀孕等原因行动不便或因排队等候可能导致体力不支者)的服务。收银员应提供搀扶引路、安排座位、帮助取送单据等服务,必要时可征求其他顾客同意后优先提供服务。

2. 文化及语言障碍

① 不同语种的障碍。这主要是指外国人因语种不同出现的交流障碍,收银员可用画图、书写阿拉伯数字、手势动作等方法交流。仍不能解决问题时可寻求有该语种交流能力的其他顾客帮助。

② 聋哑。对聋哑人的收银服务可以用书写文字或画图方式进行交流。在不了解手语语义时尽量不要自创动作,以免发生误解。

③ 文盲。对文盲顾客收银可由其他服务员代为填写单据,而后建议该顾客另请与经营单位无关的其他顾客读认,待顾客确认无误后再办理收银手续。

④ 精神及智能障碍。遇到精神病患者、醉酒者、无行为判断能力的低龄儿童可婉言拒绝办理收银手续。

3. 地位障碍

① 生熟区别。对待经常光顾的顾客只能在寒暄态度上有所亲近,不可表现出特殊照顾,否则其他正在排队的顾客就会感到被冷落。

② 身份。在通常情况下,收银服务应遵循平等原则,不照顾顾客的社会身份;但如果其他顾客主动表示愿意照顾某位有社会影响力的顾客,收银员也不要表示反对。

③ 长幼区别。从理论上讲,人们都知道保护儿童的道理,但在现实生活中,儿童通常得不到平等礼遇,这在一定程度上对他们造成心理上的伤害。收银员在接待小顾客时,应当学会尊重他们。但对此类尚无完全行为能力的顾客要有所注意,如果消费项目或数额超过常规,应当加以关心,避免出现意外事故。

④ 性别区别。许多服务与社交活动中都有女士优先的习俗,而收银服务不应坚持此项优待,避免其他顾客误以为是在讨好女士。

七、收银差异的处理

收银员在作业时发生错误是正常的,由于故障、条码清晰度、平整度等原因或收银员自身的原因,都会导致收银员出现错误,关键是当收银作业发生错误时怎样进行纠正和处理。

收银差异是指收银员所收的现金金额与收款机中记录的金额总数之间的差异。收银差异有正差异和负差异两种。当现金金额大于收款机记录的金额时为正差异;当现金金额小于收款机记录的金额时为负差异。无论是正差异还是负差异,都属于工作的失误,因为收银工作的基本要求是准确无误。

(一)收银差异产生的原因

收银差异产生的原因有多种,常见的有以下几种。

① 收银员收款错误和找零错误等。

② 收银员没有零钱找给顾客或顾客不要的小面额零钞。

③ 收银员误收假钞。

④ 收银员盗窃公司的货款。

⑤ 收银员将收款机的相关键按错。

⑥ 收银员在兑零的过程中出现错误等。

（二）收银差异处理的原则和方法

① 收银差异必须在 24 小时内进行处理。

② 超出一定金额的收银差异,必须在发现的第一时间报告安全部和收银主管。

③ 收银差异的原因由总收款室进行查找,收银员本人必须有书面解释。

④ 所有收银员的收银差异必须进行登记,以便计算差异率和差异总额。

⑤ 超出规定的收银差异由收银员自付。

（三）减少收银差异的措施

① 加强收银员的业务培训,减少假钞带来的损失。

② 加强收银员的思想教育和品德培养,杜绝因不诚实而引起的现金盗窃。

③ 加强收银过程的标准化服务,包括唱收唱付,减少因收款、找零错误而带来的损失。

④ 加强收银区域安全防范管理,对收银员的工作进行有效监督。

⑤ 加强营业高峰和节假日的大钞预收工作,减少收银机的现金累计,减少现金被盗的机会。

复习思考题

一、名词解释

1. 已付款商品与未付款商品
2. 软标签与硬标签
3. 收银排班与排岗
4. 价格差异
5. 收银差异

二、简答题

1. 条码扫描的方式与原则是什么?
2. 收银准备工作有哪些?
3. 收银的操作程序如何?
4. 收银设备出现故障如何处理?
5. 收款、找零过程中出现差错如何处理?

三、实践题

实际演练：一位顾客在某商场买了一个枕头，买单时收银员用一个袋给她装好，顾客要求再给一个袋，收银员给顾客解释一个袋就可以了，顾客自己扯了一个袋就走。随后还到前台进行了投诉，说收银员服务态度不好。

项目五

主要收银业务操作

学习目标

通过学习现金、银行卡、支票、优惠券、会员卡等收银业务的操作,了解收银过程中应注意的问题,收银装袋要求,银行卡的定义及分类,支票以及优惠券的有关知识,掌握常见的现金、银行卡、优惠券、会员卡操作流程,要求能够根据顾客的要求采取相应的收银方式。

项目重点

现金、银行卡、支票、优惠券、会员卡等收银业务的操作流程。

工作任务一　现金收银业务操作

在收银员收款的工作中,多数情况下是现金收款。现金收款包括人民币、外币收款(其中外币只接受企业规定的外币币种),是各商场、超市前台收银的最主要的收款业务。

一、现金收银业务流程

现金收款方式的操作流程主要包括收款、验钞、打单和找零4个环节。

1. 收款

收款员在收、付款时,应做到唱收唱付。例如,收银员在收到顾客给的100元钱时,应该大声说:"收您100元。"

2. 验钞

收银员在收银时要仔细检查所收现金的真假,尤其是100元、50元的大钞,要严格按照验钞方法进行识别。验钞方法有眼看、手摸、耳听、机器检测等方法。

目前常见的假币主要是以HD 90、HB 90、TJ 38开头的百元大钞。

当发现假钞时,要做好如下处理措施。

① 如果确认是假钞,请求顾客更换。

② 收银员不能做最后判断时,请求收银主管的帮助。

③ 对于残损钞,应礼貌地请求顾客更换,并告诉顾客到银行进行兑换。

④ 如果属于不影响币值的残损钞,可考虑接受。

⑤ 遇到疑惑货币时,可到银行要求鉴别。

3. 打单

收银员在收款、验钞后,输入所收金额,然后把顾客所购商品的销售小票打印出来,这个过程称为打单。

4. 找零

找零时按收银机的计算余额找零,并且现金清点正确。要求,应按最大面值的现金组合,以节约零钞。例如:找 65.5 元,零钱的组合应为 1 张 50 元、1 张 10 元、1 张 5 元、1 张 5 角纸币或硬币。此时可根据收银机所备的零钱的种类决定。找零时,应坚持唱付原则,必须大声说"找您××元",还应亲自把零钱和销售小票递到顾客的手中,不能放在购物袋或收银机台上。

操作步骤:扫描→唱收现金→清点现金并鉴别真假→选择现金付款方式→输入所收金额→打单→找零。

二、现金收银业务应注意的问题

① 收银员在营业时身上不可带有现金,以免引起不必要的误会和可能产生的公款私挪现象。

② 收银员在进行收银作业时,不可擅离收银台,以免造成钱币损失或引起等候结算的顾客的不满与抱怨。

③ 收银员不可为自己的亲朋好友结算收款,以免引起不必要的误会和可能产生收银员利用收银职务的方便,以低于原价的收款登录至收银机,以企业利益来图利于他人私利,或可能产生的内外勾结的"偷盗"现象。

④ 在收银台上,收银员不可放置任何私人物品。收银台上随时都可能有顾客退货的商品或临时决定不购买的商品,如果有私人物品放在收银台上,容易与这些商品混淆,引起误会。

⑤ 收银员不可任意打开收银机抽屉查看数字和清点现金。随意打开抽屉既会引人注目并引发不安全因素,也会使人怀疑收银员有营私舞弊的行为。

⑥ 不启用的收银通道必须用链条拦住,否则会使个别顾客趁机不结账就将商品带出超市。

⑦ 收银员在营业期间不可看报与谈笑,要随时注意收银台前和视线所及的卖场内的情况,以防止和避免不利于企业的现象发生。

⑧ 收银员要熟悉卖场中的商品(尤其是特价商品)和有关的经营状况,以便顾客提问时随时做出正确的解答。

⑨ 离开收款台时,要将"暂停收款"牌放在收银台上,用链条将收银通道拦住,将现金全部锁入收银机的抽屉里,钥匙必须随身带走或交给值班班长保管,并将离开收银台的原因和回来的时间告知值班班长或临近收银员。离开收银机前,如果还有顾客等候结算,不可立即离开,应以礼貌的态度请后面的顾客到其他的收银台结账,并为等候的顾客结账后方可离开。收银员为当前顾客结完账后再锁屏离开。

三、收银过程中装袋的要求

将结算好的商品替顾客装入袋中是收银工作的一个环节,装袋作业的要求如下。

① 硬与重的商品垫底装袋。

② 正方形或长方形的商品装入包装袋的两侧,作为支架。

③ 瓶装或罐装的商品放在中间,以免受外来压力而破损。

④ 易碎品或轻泡的商品放置在袋中的上方。

⑤ 冷冻品、豆制品等容易出水的商品和肉、菜等易流出汁液的商品,应先用包装袋装好后再放入大的购物袋中,或经顾客同意不放入大购物袋中。

⑥ 装入袋中的商品不能高过袋口,以避免顾客提拿时不方便,一个袋中装不下的商品应装入另一个袋中。

⑦ 超市在促销活动中所发的广告页或赠品要确认已放入包装袋中。

⑧ 装袋时要绝对避免不同顾客的商品放入同一个袋中的现象。

⑨ 对装不下的体积过大的商品,要用绳子捆好,以方便顾客提拿。

⑩ 提醒顾客带走所有包装入袋的商品,防止其将商品遗忘在收银台上。

小案例

超市收银员被骗案例

案例 1

两位顾客在结账时,装做熟识,给收银员造成一种两人认识、一起结账的假象。当扫描了一半时,前一位顾客将一部分已装袋的商品拎走,当收银员结束扫描正要收钱时,后一位顾客说收银员多算钱了,他与前一位顾客根本就不认识,他没买过账单上那部分商品。

如何制止:收银员在结账时,千万不能让已扫描但尚未付款的商品离开自己的视线。

案例 2

两位顾客买了一推车的物品。要求使用信用卡结账,但这张卡是坏卡,无法结算。顾客提出先将账单打出,然后去 ATM 取款,留下一人帮忙看商品。当一人去“取款”时,看商品的顾客趁收银员忙、不注意时带着商品离开。

如何制止:收银员必须执行一手交钱一手交货的原则,让保安或打包人员照看商品。

工作任务二 银行卡收银业务操作

一、银行卡

（一）银行卡的定义与分类

银行卡是指由商业银行（含邮政金融机构）向社会发行的具有消费信用、转账结算和存取现金等全部或部分功能的信用支付工具。

在外形上，银行卡大小如同身份证，一般用特殊的塑料制成，正面上印有特别设计的图案、发卡机构的名称及标志，并有用凸字或平面方式印制的卡号、持有者的姓名、有效期限等信息；卡片背面则有用于记录有关信息的磁条、供持卡人签字的签名条及发卡机构的说明等。

银行卡按是否能提供信用透支功能分为信用卡和借记卡，其中信用卡包含准贷记卡和贷记卡，如图 5.1 所示。

- 银行卡
  - 借记卡（不可透支）
  - 信用卡
    - 贷记卡（可透支）
    - 准贷记卡（可透支）

图 5.1 银行卡分类

（二）区分信用卡与借记卡

如图 5.2、图 5.3 所示，卡片正面有天坛（中国银联标志）、鸽子（VISA 标志）或地球（MASTER 标志）的全息激光防伪标志，有有效期、凸印卡号和持卡人姓名（用拼音或英文字母表示）且未标注此卡为借记卡的为信用卡，否则即为借记卡。

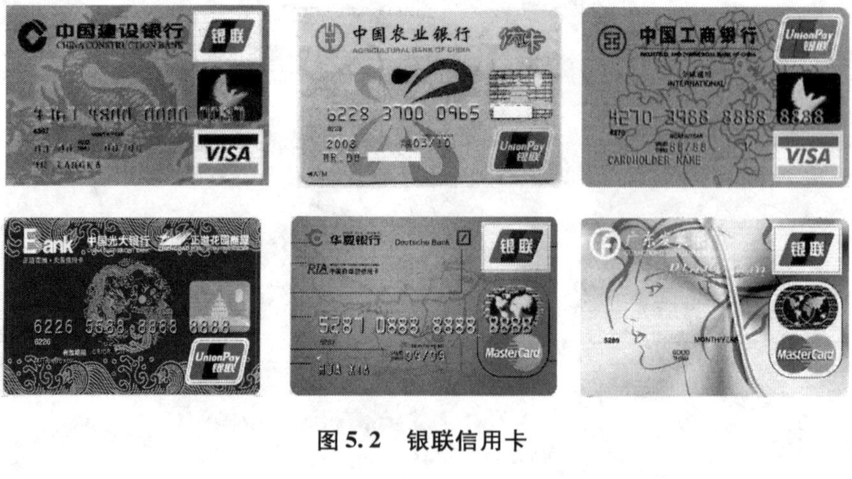

图 5.2 银联信用卡

图 5.3　银联借记卡

(三) 银行卡的功能和特点

1. 银行卡的功能

① 银行卡能减少现金货币的使用。

② 银行卡能提供结算服务,方便购物消费,增强安全感。

③ 银行卡能简化收款手续,节约社会劳动力。

④ 银行卡能促进商品销售,刺激社会需求。

2. 银行卡的特点

① 银行卡是当今发展最快的一项金融业务之一,是一种可以在一定范围内替代传统现金流通的电子货币。

② 银行卡同时具有支付和信贷两种功能。持卡人可用其购买商品,还可通过使用信用卡从发卡机构获得一定的贷款。

③ 银行卡是集金融业务与计算机技术于一体的高科技产物。

二、银联卡

银联卡就是有银联标志的银行卡。银联卡的显著标志是上面有“银联”标志。“银联”标志以红、蓝、绿 3 种不同颜色银行卡的平行排列为背景,衬托出白色的“UnionPay”英文和“银联”中文造型二字。2003 年 3 月,中国人民银行发布了《关于统一启用“银联”标志及其全息防伪标志的通知》。该《通知》规定,各商业银行发行的限国内通用的银行卡,必须在卡正面右下方指定位置标注统一的“银联”标志;可在国内外通用的“双账户”银行卡,必须在卡正面右上方指定位置标注统一的"银联"标志。

与一般银行卡相比,银联卡具有更强大的功能。它可以在全国五万多台 ATM 自动柜员机上使用,在三十多万台 POS 机上消费,这为持卡人在商务活动、外出旅游、购物消费时提供了极大的方便。在发展较快的城市,持卡人还可以享受到跨行转账、利用手机进行移动支付、交纳各种费用、网上支付等服务。目前银联卡已经走出国门,可以在二十多个国家的 POS 机和四十多个国家的 ATM 自动柜员机上使用。

三、银联卡收款业务的操作流程

银联卡有银联借记卡和银联信用卡之分。由于银联借记卡和银联信用卡在操作要求及审核内容上有所区别,所以,收银员在受理银行卡时,应仔细辨认,并准确区分具体卡种。

1. 银联借记卡的操作流程

银联借记卡的操作流程有以下几个方面。

① 持卡人将借记卡和购物小票交给收银员。

② 收银员根据顾客购物金额在 POS 机上刷卡。

③ 请顾客输入借记卡的密码。

④ 若密码正确,请顾客在签购单上签名;若密码连续 3 次输入不正确,请顾客另选结算方式进行结算。

⑤ 刷卡操作完成后,收银员要向顾客开具收款凭证、打印计算机小票或销售发票。

⑥ 签购单回单、借记卡和购物小票退还给持卡人。

2. 银联信用卡的操作流程

① 持卡人将本人身份证、信用卡和购物小票同时交给收银员(彩照卡不用提供身份证)。

② 收银员一定要检查该信用卡是否已经挂失,如果已经挂失,立即依法停止用信用卡结算,请顾客另选结算方式。

③ 收银员根据顾客购物金额在 POS 机上刷卡。

④ 收银员将签购单交给持卡人签字,并仔细核对签购单签名字体是否与信用卡背面预留签名相符。

⑤ 刷卡操作完成后,收银员要向顾客开具收款凭证、打印计算机小票或销售发票。

⑥ 把签购单回单、信用卡、身份证和购物小票退还给持卡人。

在受理银行卡的交易过程中,收银员刷卡完毕后不得将卡片立即交还给持卡人,应一直持有卡片,待核对签名完毕后才能将卡片交还。严格核对签名是风险防范的重要环节,应注意:签名内容相符;签名使用的字体大致相符。如果发生卡背签名及字体与签购单上签名及字体明显不符、交易签购单上无持卡人签名的情况,发卡行有权对交易进行拒付,相关损失将由商户承担。

四、收银员对银行卡的处理权限

收银员对以下银行卡有权拒绝受理。

① 持卡人所持信用卡的颜色、图案和标志与相应银行卡不相符。

② 已经过有效期的银行卡。

③ 剪角、打孔或毁损的废卡，或有明显标志的"样卡"、"测试卡"、"专用卡"或"VOID"字样。

④ 卡背面中文签名与卡面凸印的持卡人姓名的汉语拼音明显不符的银行卡。

⑤ 卡背面签名及字体与签购单上签名及字体明显不符的银行卡。

⑥ 挂失的信用卡。

⑦ 卡面凸印卡号的前四位数字与上方或下方平面印刷的微型四位数字明显不一致的伪卡或假卡。

⑧ 持卡人性别与卡面凸印的MS或MR不相符，或持卡人的照片与本人不符的银行卡。

五、银行卡收银业务中应注意的问题

① 顾客应对各类签购单据、交易数据及与交易相关的原始凭证等保存至少两年(24个月)，以便持卡人及发卡行在此期间进行查询和调单等，防止因商户对单据、数据和凭证保管不当或遗失而造成经济损失。

② 收银员在工作中若遇到持卡人要求刷卡套取现金，应予以拒绝。

③ 若持卡人要求分单刷卡，收银员必须拒绝。同一时间、同一柜台、同一张卡如果有发生两笔或两笔以上交易，应取消前面的交易，合并为一笔刷卡。如发现有意分单受理，则只能保留其中一笔，其余交易退单。

④ 收银员工作中若发现持卡人持他人的银行卡或身份证件消费，必须拒绝。信用卡消费要求本人持自己的身份证件、信用卡并亲笔签名才有效。

小案例

收银员未认真核对签名的案例

2009年10月，收单机构接到发卡机构的调单请求，对8月份一笔在某商场的信用卡交易要求调取原始单据。收单机构收到调单请求后，在规定时间内完成了调单处理。发卡银行核对了原始单据后，发现签购单签名和持卡人姓名不符。持卡人在交易日之前信用卡已丢失，并以商户未尽到审核签名的义务为由，要求拒付。发卡机构通过差错处理平台做了退单处理，最终由商户承担该笔退单损失。

分析：

发卡机构以交易凭证签名和持卡人姓名不符，存在严重瑕疵为由退单，而商户不能提供对自己有利的证据。

知识链接

如何识别不法分子的欺诈用卡行为

不法分子利用银行卡作案时往往有一些特征，商户收银员要学会观察持卡人的异常行为，提高警惕，以减小风险损失，严厉打击不法之徒。常见的异常行为如下。

① 持卡人穿着打扮与言行举止存在疑点。例如，卡片是香港或台湾发行的卡片，但持卡者没有一点“港台”口音。

② 购物消费时非常随便，对所购商品本身不感兴趣，不在意商品的规格、品质及价格，只希望尽快刷卡完成交易。

③ 购买价值较高、易于变现和携带的商品，如珠宝首饰、名表、名贵药材、工艺品、名牌服饰、高档电器等；消费无节制，购买商品金额及数量过大，远远超出个人或家庭使用的范围；港台顾客在内地反常规地大量购买金饰、珠宝、名表和手机等；在机票代售点或手机专卖店频繁刷卡交易。

④ 刷卡时屏幕显示的卡号与卡面卡号不一致；刷卡时神情比较紧张，在收银员操作时不停催促，且故意分散收银员的注意力。

⑤ 卡片不是从钱包取出而是由口袋掏出；消费时持有多张银行卡，当一张卡无法刷卡获取授权后，不要求进行人工授权，而是立即换刷其他卡片；单笔刷卡不成功立即要求将金额降低，反复多次试刷。

⑥ 刷卡未能取得授权时要求分单压卡进行支付。

⑦ 在签单过程中神色慌张，左顾右盼；在签字时要求看卡背面的签名或签字很慢。

工作任务三　支票收银业务操作

顾客有时候购物消费会采用支票结算，在大型的商场或超市等零售企业一般设有专人负责支票的收银业务。支票结算一般都是一次购物数量多、金额大的交易。收银员不仅要掌握支票的有关知识，还必须掌握支票收银业务的操作。

一、支票相关知识

（一）支票的概念及种类

支票是出票人签发的、委托办理支票存款业务的银行在见票时，无条件地支付确定的金额给收款人或者持票人的票据。

支票分为现金支票、转账支票和普通支票。现金支票（见图5.4）只能用于支取现金；转账支票（见图5.5）只能用于转账；普通支票（见图5.6）可以用于支取现金，也可用于转账。在普通支票左上角划两条平行线的，为划线支票，划线支票只能用于转账，不能支取现金。

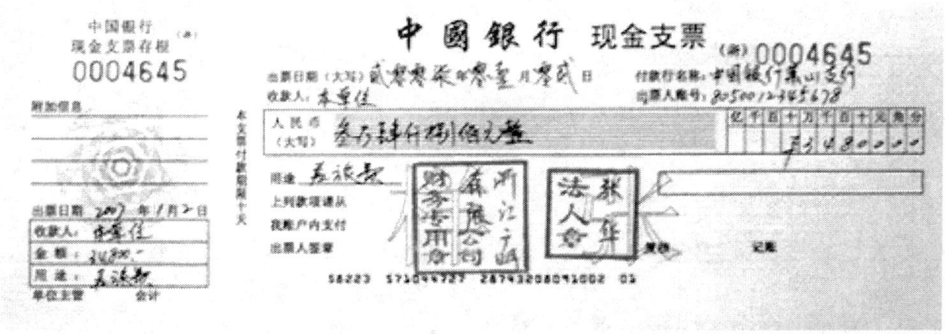

图 5.4　现金支票

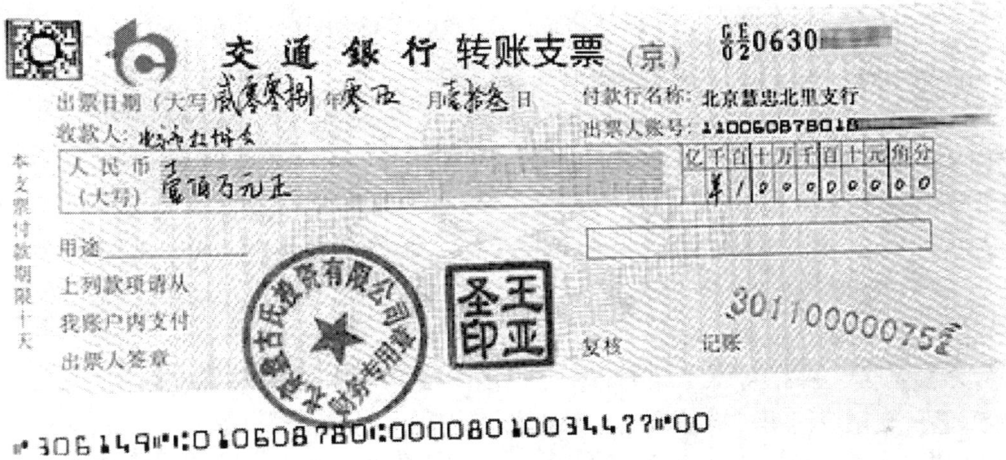

图 5.5　转账支票

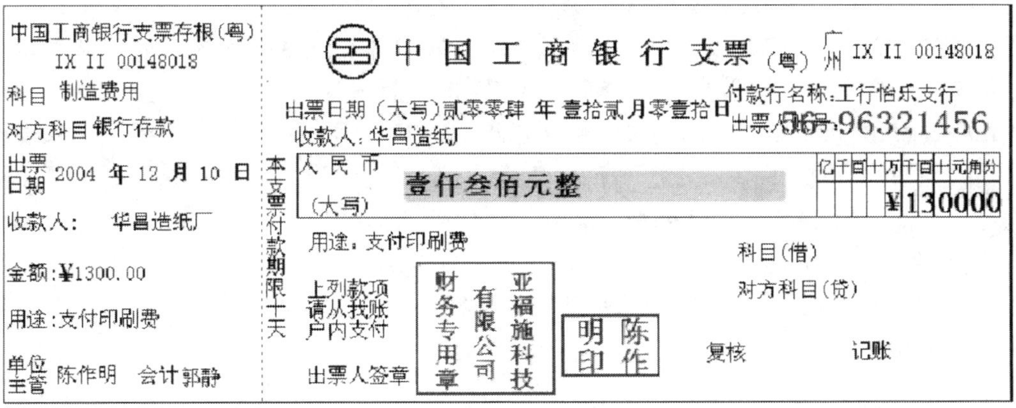

图 5.6　普通支票

按照规定，凡是在银行开立账户的公司、事业单位和机关、团体、部队、学校、个体经营户以及单位所属机构等，其在同一城市或票据交换地区的商品交易、劳务供应、债务清偿和其他款项结算等均可使用支票。2007 年 7 月 8 日，中国人民银行宣布，支票可以实现全国范围内互通使用。

(二)支票签发的有关规定

① 签发支票必须记载的事项。表明“支票”的字样;无条件支付的委托;确定的金额;付款人名称;出票日期;出票人签章。欠缺记载上列事项之一的,即为支票无效。支票的付款人为支票上记载的出票人开户银行。

② 支票的金额、收款人名称,可以由出票人授权补记。未补记前不得背书转让和提示付款。

③ 签发现金支票和用于支取现金的普通支票,必须符合国家现金管理的规定。

④ 支票的出票人签发支票的金额不得超过付款时在付款人处实有的存款金额。禁止签发空头支票。

⑤ 支票的出票人预留银行签章是银行审核支票付款的依据。银行也可以与出票人约定使用支付密码,作为银行审核支付支票金额的条件。

⑥ 出票人不得签发与其预留银行签章不符的支票;使用支付密码的,出票人不得签发支付密码错误的支票。

⑦ 出票人签发空头支票、签章与预留银行签章不符的支票、使用支付密码地区支付密码错误的支票,银行应予以退票,并按票面金额处以5%但不低于1千元的罚款;持票人有权要求出票人赔偿支票金额2%的赔偿金。对屡次签发的,银行应停止其签发支票的权限。

⑧ 支票的提示付款期限自出票日起10日,但中国人民银行另有规定的除外。超过提示付款期限提示付款的,持票人开户银行不予受理,付款人不予付款。

⑨ 签发支票应使用炭素墨水或墨汁笔填写,中国人民银行另有规定的除外。

⑩ 持票人可以委托开户银行收款或直接向付款人提示付款。用于支取现金的支票仅限于收款人向付款人提示付款。持票人委托开户银行收款的支票,银行应通过票据交换系统收妥后入账。持票人委托开户银行收款时,应做委托收款背书,在支票背面背书人签章栏签章、记载“委托收款”字样、背书日期,在被背书人栏记载开户银行名称,并将支票和填制的进账单送交开户银行。持票人持用于转账的支票向付款人提示付款时,应在支票背面背书人签章栏签章,并将支票和填制的进账单交送出票人开户银行。收款人持用于支取现金的支票向付款人提示付款时,应在支票背面“收款人签章”处签章,持票人为个人的,还需交验本人身份证件,并在支票背面注明证件名称、号码及发证机关。

⑪ 出票人在付款人处的存款足以支付支票金额时,付款人应当在见票当日足额付款。

⑫ 存款人领购支票必须填写“票据和结算凭证领用单”并签章,签章应与预留银行的签章相符。存款账户结清时,必须将全部剩余空白支票交回银行注销。

(三)支票的填写

1. 出票日期(大写)

票据的出票日期必须使用中文大写,大写数字写法是:零、壹、贰、叁、肆、伍、陆、柒、捌、玖、拾。

为防止变造票据的出票日期,在填写月、日时,月为壹、贰和壹拾的,日为壹至玖和壹拾、贰拾和叁拾的,应在其前加“零”;日为拾壹至拾玖的应在其前加“壹”。例如,2 月 12 日,应写成零贰月壹拾贰日;10 月 20 日,应写成零壹拾月零贰拾日。

2. 收款人

① 现金支票收款人写本单位名称,现金支票背面“背书人”栏内加盖本单位的财务专用章和法人章,之后收款人可凭现金支票直接到开户银行提取现金(由于有的银行各营业点联网,所以也可到联网营业点取款,具体要视联网覆盖范围而定)。

② 现金支票收款人写收款人个人姓名,现金支票背面不盖任何章,收款人在现金支票背面填上身份证号码和发证机关名称,凭身份证和现金支票签字领款。

③ 转账支票收款人应填写对方单位名称。转账支票背面本单位不盖章。收款单位取得转账支票后,在支票背面背书人栏内加盖收款单位财务专用章和法人章,填写好银行进账单后连同该支票交给收款单位的开户银行委托银行收款。

3. 付款行名称、出票人账号

付款行名称、出票人账号即为本单位开户银行名称及银行账号,如工行高新支行九莲分理处 1202027409900088888。账号要小写。

4. 人民币(大写)

数字大写写法:零、壹、贰、叁、肆、伍、陆、柒、捌、玖、亿、万、仟、佰、拾。注意:“万”字不带单人旁。

举例如下。

① 289 546. 52 元 贰拾捌万玖仟伍佰肆拾陆元伍角贰分。

② 7 560. 31 元 柒仟伍佰陆拾元零叁角壹分。

③ 532. 00 元 伍佰叁拾贰元正。“正”写为“整”字也可以。不能写为“零角零分”。

④ 425. 03 元 肆佰贰拾伍元零叁分。

⑤ 325. 20 元 叁佰贰拾伍元贰角。角字后面可加“正”字,但不能写“零分”,比较特殊。

5. 人民币小写

最高金额的前一位空白格用“ ￥ ”字开头,数字填写要求完整清楚。

6. 用途

① 现金支票有一定限制,一般填写“备用金”、“差旅费”、“工资”和“劳务费”等。

② 转账支票没有具体规定,可填写如“货款”、“代理费”等。

7. 盖章

支票正面盖财务专用章和法人章,缺一不可,印泥为红色,印章必须清晰,印章模糊只能将本张支票作废,换一张重新填写重新盖章。反面盖章与否见“2. 收款人”。

注意:

① 支票正面不能有涂改痕迹,否则本支票作废。

② 收票人如果发现支票填写不全,可以补记,但不能涂改。

③ 支票的有效期为 10 天,日期首尾算一天。节假日顺延。

④ 支票见票即付,不记名。(丢了支票尤其是现金支票,票面金额数目被冒领银行不承担责任。现金支票一般要素填写齐全且未被冒领,则可以在开户银行挂失;转账支票假如要

素填写齐全则可以在开户银行挂失,假如要素未填写齐全则可以到票据交换中心挂失)。

⑤ 若出票单位现金支票背面印章模糊,则可以把模糊印章打叉,重新再盖一次。

⑥ 若收款单位转账支票背面印章模糊(票据法规定此时是不能以重新盖章方法来补救的),收款单位则可以带转账支票及银行进账单到出票单位的开户银行去办理收款手续,不用另付手续费(俗称"倒进")。

二、支票收款业务的操作

支票收银业务的流程是收到支票—审核支票—审核证件—打印小票—开具发票—退回支票存根联。

1. 收到支票

收银员收到支票进行交易结算。

2. 审核支票

收银员在受理支票结算时,应该根据《中华人民共和国票据法》的规定对支票进行审核。具体要求如下。

① 审核事项。要审核有效期、限额、印签、开户行账号及有效证件,支票不允许折叠。

② 记录持票人的有关资料。要将持票人姓名、有效证件号、联系电话填写在背书栏右边的空白处。

③ 登记事项。支票结算完毕后,将支票号码、单位名称、购物金额登记在交款单上,按要求及时传递,并由收票人签收。

④ 注意支票的有效期。支票的有效期为 10 天,从票面日期的次日起算,到期日遇节假日则有效期依次顺延,但如果节假日在票面日期与到期日之间,则不能顺延有效期限。

⑤ 不受理内容填写不全的支票。在审查支票内容时,要特别注意大小写金额是否相符,金额中文数字是否正确。同时,要注意大写金额应顶格写,小写金额前要写人民币符号"￥"。在审查支票内容时,还应特别注意支票上是否加盖付款人的印章。

⑥ 预防空头支票。收银员收到了买方交来的支票,并不一定意味着就收回了货款,要预防对方提供的支票是空头支票或者加盖的图章与预留银行印鉴不符的情况。

3. 审核证件

4. 打印小票

支票审查填写完毕,应为顾客打印计算机小票。

5. 开具发票

由于顾客是企业、事业单位,其回到单位需要发票记账,所以要为顾客打印或开具发票。开票时要注意以下几点。

① 收银台或客户服务中心只能给客户开具普通销售发票,增值税专用发票由财务部门开具。

② 填开发票时,必须顺号使用,不能跳号开发票。

③ 开发票时,应该按顾客所购商品的实际品名、金额、数量填写,不能虚开发票,不能开空白发票。

6. 退回支票存根联

知识链接

什么是进账？其方式有哪些？

在经济犯罪中，常有用变造支票、空头支票购买商品的情况。常见的诈骗方式如下。与购买方从未接触过且购买量很大，又大都是在营业高峰段，声称很紧急，许诺价格高一成都可以，并要求用支票进行结算。这种情况要特别小心，也许从直观上看支票没有问题，但还是建议先持支票到银行进行鉴定或入账。如果是本地的公司支票可直接入账便知道是否有诈，如果是外地公司支票则请银行鉴定真伪。千万别因量大且价格高所诱惑，以避免遭受财产损失。

提示：收取支票后，应尽快将支票送到银行，这个行为称为进账。其进账方式如下。

① 顺进账。顺进账简称进账，是指拿回支票后盖背书章到本单位开户行委托收款，顺进账一般需2～3天才能到账，遇节假日顺延。

② 倒进账。倒进账是指收到支票后直接从对方开户行进账，一般倒进账当天或者第二天即可到账。

工作任务四　优惠券收银业务操作

一、优惠券的概念和种类

1. 优惠券的概念

优惠券是指由商场或超市等发行的、消费者在购物时可以通过它享受一定优惠的凭证。优惠券发行有利于提高销售额，刺激顾客的消费欲望，满足顾客需求，是促销的一种手段。收银员要掌握企业的优惠政策和操作流程，做好优惠券的收银工作。

2. 优惠券的种类

优惠券按照使用方式，可以分为以下几类。

① 现金券（见图5.8）。消费者持现金券消费可抵用部分现金。

（a）

（b）

图 5.8　现金券

② 体验券(见图 5.9)。消费者持体验券消费可体验部分服务。

图 5.9　体验券

③ 礼品券(见图 5.10)。消费者持礼品券消费可领用指定礼品。

图 5.10　礼品券

④ 折扣券(见图 5.11)。消费者持折扣券消费可享受消费折扣。

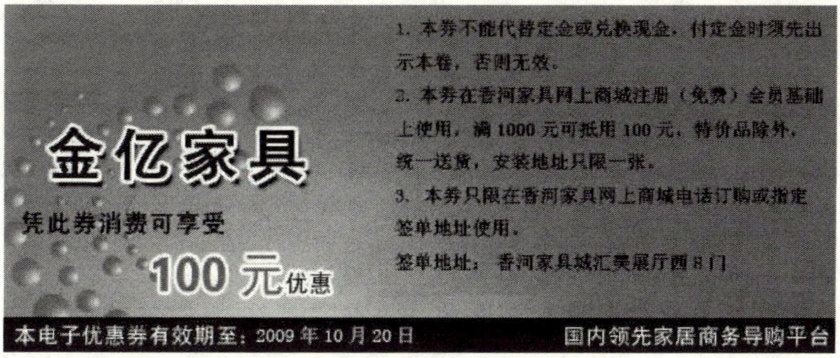

图 5.11　折扣券

⑤ 特价券（见图 5.12）。消费者持特价券消费可购买特价商品。

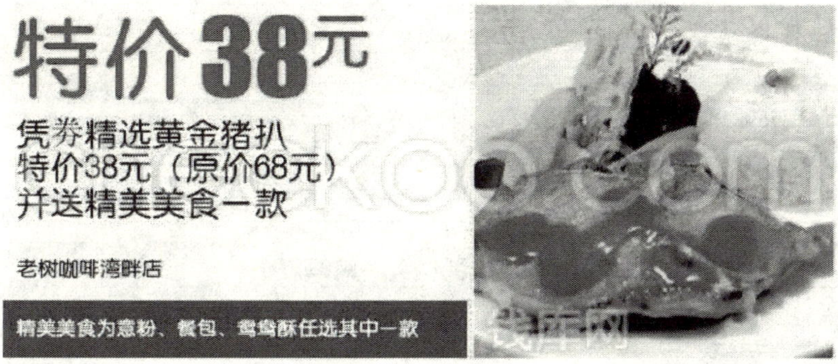

图 5.12　特价券

二、优惠券收款业务操作

1. 收券

收银员双手接过顾客递交的优惠券后，应迅速清点与审核该券的有效性，然后声音清楚地唱收："收您优惠券××张。"

2. 收现金或银行卡

收银员根据顾客购物总金额与优惠券金额的差额，计算出应该补收的现金金额，并唱收："您的应付金额共计××元，折扣××元，应再收您××元。"在双手接过顾客递交的现金或银行卡后，应迅速清点与识别所收钞票或银行卡的真伪，同时唱收"收您现金××元"或"收您银行卡××张"。

3. 打单

收款结束后，马上为顾客打出计算机小票或销售发票等单据；如果是用银行卡结账，还需要进行压卡（刷卡）和签单流程。

4. 找零或还卡

收银员按现金收银业务操作中的操作方法，唱付找零；或根据银行卡收银业务操作中的操作方法把签购单回单、银行卡、身份证和购物小票退还持卡人。

三、优惠券收银业务中应注意的问题

① 券不找零。
② 在券没有正常输入计算机时不能划盖作废章。
③ 不允许收银员为顾客私自换券。

工作任务五　会员卡收银业务操作

一、会员卡的知识

会员卡泛指普通身份识别卡，它们的用途非常广泛，如商场、超市、专卖店、宾馆、饭店和俱乐部等。会员卡样式如图 5.13 所示。

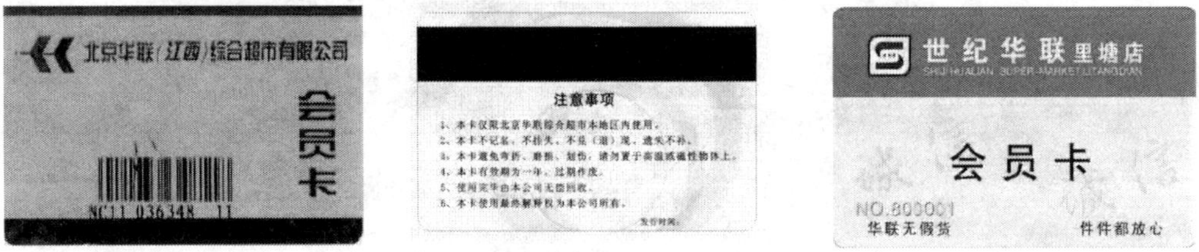

图 5.13　会员卡

一个企业发行的会员卡相当于企业的名片，在会员卡上可以印刷企业的标志或者图案，为企业形象作宣传，是企业进行广告宣传的理想载体。发行会员卡除了吸引新顾客、留住老顾客、增强顾客忠诚度外，还能实现打折、积分、顾客管理等功能，是一种切实可行的增加效益的途径。

（一）会员卡规格

一般来说，会员卡长 88.5 mm，宽 54.5 mm，厚 0.76 mm，大小、厚度与银行卡一样。

（二）会员卡常见分类

① 会员卡按材质可分为普通印刷会员卡、磁条会员卡、IC 会员卡、ID 会员卡和金属会员卡几种。
② 会员卡按行业可分为超市会员卡、酒店会员卡、美食会员卡、旅游会员卡和网吧会员卡等。
③ 会员卡按等级可分为贵宾会员卡、会员金卡、会员银卡和普通会员卡几种。

相关链接

超市不办会员卡进不去

近日,位于吴中区东方大道上的麦德龙吴中商场正式营业,不少市民因为没有会员卡而被拦在了门外。市民李女士就向晚报新闻热线反映:"我们一大早从石路跑到麦德龙吴中商场,却被工作人员拦在了门外,原因是必须出示会员卡才能进去,我们想办会员卡,却被要求必须有营业执照和单位介绍信等材料,否则不能办理。"

记者就此进行了一次超市卖场"入门"调查,像麦德龙这样的超市实行的是会员制,会员为专业顾客,必须持会员卡方可进入超市购物,而现在很多超市虽然推行会员卡但并非会员制超市。会员制超市是指商家以组织和管理会员的方式,实现购销行为的商店。其特点一是仓储式销售,二是用会员制锁定目标顾客群。国外很多大型购物超市实行会员制,严格执行凭会员资格进入超市购物的方式,以便商家分析和管理目标顾客群。但在国内,一些超市在最初进入市场时也沿袭严格的会员制制度,但因为"水土不服",特别是一些做平价零售的购物广场,转变成可以接受非会员的会员制超市。

大润发超市东环店客服部工作人员在接受采访时称:"我们起初开办超市时实行的就是严格意义上的会员制模式,但随着市场竞争的日趋激烈,我们开始转变这种模式,即实行会员制的同时还接受非会员来购物,但非会员在购物时不能享受会员享受的印花商品的优惠,这种模式更具有灵活性且便于我们发展会员。"

事实上对于商家来说会员制具备分析管理客户群、统计业绩等功能,而对消费者而言,是否得到更多的实惠才是关键。记者梳理了一下各大超市卖场的"入门"情况,以供读者参考。

1. 实行会员制

麦德龙和大润发必须凭会员卡进入超市和结账。

麦德龙:必须办理会员卡方可进入超市,拒绝没有会员卡的消费者。会员为专业顾客(如中小型零售商、酒店、餐饮业、企事业单位、政府和团体等)。

申办麦德龙会员卡必须带齐营业执照副本/机构代码证(原件)、法人代表身份证(原件)、授权购物人身份证(原件)和单位介绍信(原件)等。

大润发:大润发实行会员制,但没有会员卡的消费者也可以进入超市购物,只是结账时必须刷公共会员卡。

申办会员卡必须带上身份证和固定电话缴费清单到门店服务总台办理。

2. 非会员制但推行会员卡并接受无会员卡消费者的超市

欧尚:持会员卡可以购买大拇指等优惠商品,并且可以在特定时间用积分进行换购商品等独享优惠。

申办会员卡的市民需要带上身份证和家里的水电煤电话缴费清单到超市服务台办理。

华润万家:持会员卡购买特定优惠商品,会员卡有积分制,超市会定期举办积分换购活动。

申办会员卡只需带上身份证在门店办理即可。

3. 非会员制且无会员卡

好又多:不限制任何人来超市购物,人人都可以购买优惠商品。

家乐福:任何人都可以在超市购买任意商品,包括降价优惠商品。

沃尔玛:购物广场不实行会员制也不办理会员卡,一站式购物模式,商家会定期举办抽奖活动。

二、会员卡收款业务操作

一般情况下,会员卡收银业务是与现金、银行卡等收银业务同时进行的,因为绝大多数会员卡不具备储蓄功能,本身不能用于支付,只是一种可以享受折扣优惠的凭证。

会员卡收款业务操作流程如下。

① 询问顾客是否有会员卡,如果有,收卡后进行刷卡。如果没有,按现金或银行卡收银业务操作。

② 输入优惠折扣。

③ 按现金或银行卡收银业务操作。

④ 打单。

⑤ 找零、退卡及单据。

三、会员卡的换(补)操作

会员卡如不慎遗失,要立即通知发卡店会员办理处。如果要补办,自挂失之日内持持卡人身份证办理相关手续,同时交纳手续费、工本费,补办后原卡不受影响。

小案例

某超市会员卡办卡须知

一、会员卡办理条件

1. 凡当日购买满 38 元则可凭购物小票免费办理,或交纳工本费 1 元持本人有效证件(身份证或户口本)到服务台会员卡办理处办理会员卡一张。

2. 会员卡申办时不产生积分。

二、有效期

会员卡长期有效,当会员卡连续 3 个月无消费记录,视为自动放弃会员资格,超市有权行使终止使用的管理措施。由于不可抗力或出现无法延续使用的情况时,卡功能自动失效,卡内积分不以任何形式返还。

三、会员卡功能及优惠待遇

1. 积分功能

会员卡积分标准如下。

① 正常售价商品每10元积1分。

② 会员商品、特价商品每20元积1分。

③ 烟酒类商品正常售价每30元积1分，如有会员价每60元积1分。

④ 家电类商品正常售价每50元积1分，如有会员价每100元积1分。

⑤ 大宗购物不享受会员价，正常商品可按照上述标准积分，打折赠送商品，不可参加积分。

2．积分可以参加礼品兑换活动

3．可参加商场大型活动期间的抽奖活动

4．不定期举办会员独享商品特卖会

5．可参加商场举办的其他会员专属活动

四、积分规定

1．会员在进行商品扫描前，必须先对会员卡进行有效刷卡，否则其消费金额将无法积分（优惠）。

2．会员可在服务台查询个人积分情况。

五、兑换奖品规定

1．定期举行会员回馈，兑换礼品活动。

2．兑换礼品必须到发卡店会员办理处办理兑换礼品手续。

3．兑换等分值礼品后，工作人员认真办理减分手续。卡内剩余分值有效，可继续积分受用。

六、会员退换货规定

1．退换货时，必须出示购物发票或计算机小票，否则不予退换。

2．购物积分后如需办理退换货，凭会员卡、购物发票及计算机小票办理退换货及减分手续。

七、注意事项

1．会员在结账扫描前，必须向收银员出示会员卡。

2．会员卡如不慎遗失，请立即通知发卡店会员办理处，如要补办，持本人身份证办理相关手续，同时交纳手续费、工本费10元，补办后，原卡不受影响。

3．请勿重复申请，会员系统会自动识别。

4．请勿将会员卡同手机或其他磁卡放在一起，请勿折叠，以免损坏会员卡上的磁条。

5．以上信息如有变动，将通过媒体或店内海报公告，敬请留意。

八、会员兑奖流程

1．顾客持本人身份证到会员卡办理处进行会员兑奖。

2．工作人员必须按照会员积分标准进行削减积分，卡内剩余积分可继续使用。

3．每年12月31日前必须将会员卡内积分进行兑奖，当日营业结束后系统将自动清零，会员卡可继续使用。

九、持卡须知

1．此会员卡仅限本人使用，不得转让他人。

2．付款前请主动出示此卡，以享受会员待遇并获得积分。

3．此卡有效期为一年，卡内积分将在每年12月31日自动清零。

4．此卡使用详情请咨询服务台。

5．此卡最终解释权归某超市所有。

复习思考题

一、名称解释

1. 银行卡
2. 支票
3. 优惠券

二、思考题

1. 现金收银的流程是什么？
2. 现金收银时应注意哪些问题？
3. 银行卡收银业务的流程是什么？
4. 收银员对银行卡有哪些处理权限？
5. 优惠券收银业务流程是什么？
6. 会员卡收银业务流程是什么？

三、实践题

1. 结合实际，说说你在实际工作中是如何识别假币的？

2. POS机上机操作。

要求：注意以下操作步骤及细节。POS机签到（取密钥）；面带微笑；致欢迎语“欢迎光临”等；轻拿商品；正确扫描；报出总消费金额；将购物篮从收银台上拿下，放好；双手接顾客的钱；报出收钱数额；按票面金额分类放入收银格内；报出找零金额，将零钱和收银小票一起双手交递给顾客；视各类别商品的多少选用合适的购物袋；迅速将商品分类入袋；传递购物袋。

项目六

退换货业务操作

学习目标

通过本项目内容的学习,要求了解退/换货业务的含义,明确退换货的标准,掌握退换货业务的处理程序。

项目重点

掌握退换货业务的处理方法。

工作任务一　退换货的标准

退换货业务是日常收银工作的一项相关业务,零售企业的退换货政策及退换货处理情况,在一定程度上影响着顾客对企业的认知程度。因此,做好商品退换货业务的处理工作,不仅是提高零售企业服务质量的一项重要内容,也会对企业的经营发展有很大的促进作用。

一、退换货的概念

(一) 退货的含义及分类

1. 退货的含义

退货是指顾客在购买商品后的一定时期内,将不满意的商品或确有质量问题的商品退还给卖方的过程。

2. 退货的分类

(1) 按退货形式不同分为正常退货、手退和空退3种

正常退货是指顾客因所购商品有质量问题,持发票及商品前来退货。

手退是指顾客因遗失发票或时间长久电脑资料无法查询时的退货。

空退是指顾客因购买之生鲜类商品已经加工使用,无法再退回卖场销售,或收银台多扫描、重复扫描造成的退货。

(2) 按所退商品是否已开单分为退非开单销售商品和退开单销售商品

(二)换货的含义及分类

换货是指顾客以某种理由要求商家予以更换商品,或商家对顾客购买的有质量问题的商品按国家有关法律规定做换货处理。其按所退商品是否已开单分为更换非开单销售商品和更换开单销售商品。

二、退换货的标准

处理顾客退换货要遵循依法行事的原则,依据国家颁布的《部分商品修理更换退货责任规定》、《消费者权益保护法》、《质量法》等相关法律法规或规定执行。对于超出相关法律范围及公司退换货原则的顾客要求,可说服顾客依据法律解决问题。

国家有关"三包"的规定实施细则如下。

① 产品自销售之日起7天内,发生性能故障,消费者可以选择退货,换货或修理。退货时,销售者应按发票金额一次性退清货款。

② 产品自销售之日起15天内,发生性能故障,消费者可以选择换货或修理,换货时,销售者免费为消费者提供同型号、同规格的产品。

③ 在"三包"期内,修理两次仍不能正常使用的产品,凭修理者提供的修理记录和证明,由销售者为消费者免费调换同型号、同规格的产品。

④ 在"三包"期内,符合换货条件的,因销售者不能提供同型号、同规格的商品,消费者不愿意接受其他型号规格的产品而要求退货的,销售者应予以退货;有同型号、同规格的产品而消费者不愿意调换要求退货的,销售者应予以退货,并按规定收取一定的折旧费。

⑤ 换货时,凡是残次商品,不合格商品,修理过的商品,不能提供给消费者。

小案例

某超市退换货标准

1. 普通商品。商品有问题,顾客凭计算机小票或发票在7天内可退,15天内可调换。

2. 大小家电。顾客凭计算机小票或发票在7天内有性能故障可退货,15天内可换货,超过15天的,在维修期内可由厂家负责维修。

3. 以下商品不在退换货范围之内。

- 购买超过7天的商品。
- 原包装损坏、遗失、配件不全的商品。
- 超市出售的"处理商品、残次品、等外品"。
- 个人卫生用品(内衣、泳衣、睡衣、袜子等)。
- 消耗性商品(电池、胶卷等)。
- 化妆品、酒类、香烟和生鲜食品。
- 未经测试及登记名牌号的影音家电商品。

4. 对要求更换的商品,原则上是同一条形码的商品。只有在同一商品缺货的情况下,顾客才可以以补差价的方式,换购另一规格型号的商品。

5. 对暂时无法退换、需要厂家来协助的商品，可让顾客先把商品留下，填写“商品退换货登记表”，登记明确的退换货理由，并告知顾客明确的处理期限(一般不超过7天)。

6. 若商品有明显的使用痕迹或因顾客使用不当而损坏的商品不予退换。

7. 未尽事宜，参照三包规定办理。

附某超市退换货标准一览表，如表6.1所示。

表6.1　超市退换货标准一览表

序　号	退换货标准	退　货	换　货
1	有质量问题，在退换时限内的商品	可	可
2	有质量问题，超出退货时限，在换货时限内的商品	否	可
3	有质量问题，超出退换货时限的商品	否	否
4	无质量问题，但不影响重新销售的一般性商品	否	可
5	无质量问题，但有明显使用痕迹的一般性商品	否	否
6	经过顾客加工或特别为顾客加工后，无质量问题的商品	否	否
7	因顾客使用、维修、保养不当或自行拆装造成损坏的商品	否	否
8	商品销售后因自然灾害造成损坏的商品	否	否
10	原包装损坏或遗失，配件不全或损坏、无保修卡的商品	否	否
11	个人卫生用品(如内裤，文胸，睡衣，泳衣)等商品	否	否
12	商场出售的清仓品	否	否
13	消耗性商品(如电池，胶卷)	否	否
14	化装品(不包括一般性的护肤品)	否	否
15	香烟，中国白酒，进口洋酒	否	否
16	无质量问题已售出的生鲜食品	否	否
17	赠品，无本超市购物小票或非本店商品	否	否

工作任务二　退换货业务的操作程序

商场、超市的退换货业务应根据本企业“商品销售退换货管理规定”进行，尽量做到既保证顾客满意又使企业的损失降到最低。

一、退货业务的操作程序

（一）退货业务的流程

退货业务的流程如图 6. 1 所示。

1. 受理顾客的商品、凭证
↓
2. 听取顾客的陈述
↓
3. 判断是否符合退换货标准
↓
4. 同顾客商量处理方案
↓
5. 决定退货
↓
6. 判断权限
↓
7. 办理退货手续、退款
↓
8. 退货商品的处理

图 6. 1 退货业务的流程

（二）退货业务流程的说明

① 受理顾客的商品、凭证。接待顾客，并审核顾客是否有本单位的收银小票或发票，购买时间，所购商品是否属于家电商品或不可退换商品。

② 听取顾客的陈述。细心平静地听取顾客陈述有关商品的问题和要求，判断是否属于商品的质量问题。

③ 判断是否符合退换货标准。结合公司政策、国家的法律法规以及顾客服务的准则，灵活处理，说服顾客达成一致的看法。如不能满足顾客的要求而顾客予以坚持，则应请上一级管理层处理；如属于家电商品或专业商品的质量问题，则需经过部门主管确认是否存在质量问题。

④ 同顾客商量处理方案。提出解决方法，尽量让顾客选择换货。

⑤ 决定退货。双方同意退货。

⑥ 判断权限。退货的金额是否在处理的权限范围内。

⑦ 办理退货手续、退款。填制退货单，现场退货款，并将交易号码填写在退货单上。

⑧ 退货商品的处理。将退货商品放在退货商品区，并将退货单的一联贴在商品上。

二、换货业务的操作程序

(一) 换货业务的流程

换货业务的流程如图 6.2 所示。

1. 受理顾客的商品、凭证
↓
2. 听取顾客的陈述
↓
3. 判断是否符合换货标准
↓
4. 决定换货
↓
5. 填换货单
↓
6. 顾客选购商品
↓
7. 退换货处办理换货
↓
8. 换货商品的处理

图 6.2　换货业务的流程

(二) 换货业务的流程说明

① 受理顾客的商品、凭证。接待顾客,并审核顾客是否有本超市的收银小票或发票,购买时间,所购商品是否属于家电商品或不可退换商品。

② 听取顾客的陈述。细心、平静地听顾客陈述有关商品的问题和要求,判断是否属于商品的质量问题。

③ 判断是否符合换货标准。结合公司政策、国家的法律法规以及顾客服务的准则,灵活处理,说服顾客达成一致的看法。

④ 决定换货。双方同意调换同种商品或同类商品甚至不同商品。

⑤ 填换货单。

⑥ 顾客选购商品。顾客凭换货单的一联,到商场选购要更换的商品。

⑦ 退换货处办理换货。在收银机现场做换货程序,换货单中的一联与收银小票或发票的复印件订在一起,当现金收入,实行多退少补现金法,并将换货交易号码填写在换货单的商品联上。

⑧ 换货商品的处理。将换货商品放在换货商品区,并将换货单的一联贴在商品上。

工作任务三 退换货业务操作

一、受理

顾客提出退换货要求,相关值班员要面带微笑、热情接待,根据顾客提供的计算机购物小票等购物凭证,检查退换商品是否符合商品退换货标准,认真听取顾客的要求。如果值班员不能确认该商品是否符合退换货标准,可通知商品部门主管到服务台协助判断。顾客要求退换的商品属于公司退换货范围内的,由值班员确定处理方式,并填写"退(换)货单"一式二联(第一联存根联留存服务台,第二联收银联交门店财务),办理退换货手续。顾客无计算机小票或发票但能提供其他证明(如公司标价签、公司商品条码、发票复印件等)的,退换货须经前台经理或以上级别人员审核,在退换单上签字同意后,交服务台受理。服务台值班员审核"退(换)货单"后,办理退换货手续。

二、退货手续的业务操作

(一)退非开单销售商品

① 填制退货单(或登记退换货登记表)。相关人员签字且注明实收数量。

② 收回原购物小票,对一票多品种计算机小票,如顾客需要保留小票原件,则将小票流水号及收银台号填在退货单上,并将所退商品在原购物小票上划线标注"已退"字样,通知收银监察员或值班店员在退货单上签字后,将计算机小票原件返还顾客。

③ 授权收银机处理退货。值班员在服务台的收银机输入授权密码后,将手续完备的退货单交收银员签名后输入计算机,收银员按"退货"键,进入"退货"操作界面,输入交易流水号、营业员工号、退货商品编码等信息,完毕后单击"确认"按钮,打印机自动打印出退货计算机小票;值班员在计算机小票上签名后交收银员退给顾客货款。

④ 退还顾客所交货款。收银员在退还顾客货款时,应根据顾客购物时所采用的支付方式予以处理。

1)以现金方式结账的退货。退货程序处理完毕,收银员要当场退给顾客与购买商品同等的现金。

2)以银行卡方式结账的退货。退货程序处理完毕,只能通过银行划账的方式将退货款划到顾客的银行卡中,不得退付现金。

顾客当天退货,收银员可凭顾客的签购单在银联 POS 机上按"消费撤销"键,根据屏幕提示一一输入相关记录,由银联 POS 机自动处理后,打印出消费撤销的 POS 机凭条;然后再在收银机上取消当日的该笔销售单据即可。部分退货的,先在收银机做全额撤销处理,再将未退部分商品做重新销售处理。

顾客隔日退货,收银员应告知顾客把钱退到卡上的时间本市大约需要 3 ~7 天,外地需要 7 ~15 天。如顾客同意将钱退到银行卡上,收银员可按上述操作进行退货,并在消费撤销的 POS 机凭条背面注明收银台电话，以备顾客查询；同时记录顾客的卡号、金额、开户行地址、姓名及联系方式，以便做好回访工作。

3）以支票方式结账的退货。首先，支票到账前不可以退货。支票到账后顾客需要退货时，先由营业员带顾客到财务部办理支票退货手续，然后收银员凭财务部开具的"支票退货审批单"和红字销售凭证，在收银机上做退货处理。结账时填写红字支票送存簿，并与"支票退货审批单"一起交总收款室。

4）以优惠卡、优惠券方式结账的退货。如果顾客购物时使用的是优惠卡或优惠券，收银员在退货处理时只能退还顾客同等金额的优惠卡或购物券，不得退付现金。

5）值班员将收回的原购物小票、退货计算机小票第三联贴在退货单收银联上，退货计算机小票第二联贴于退货单第一联存根联后，由服务台留存。

（二）退开单销售商品

① 值班员在顾客原计算机小票上加盖服务台退换货专用章，并通知商品部门人员到服务台办理退货手续。

② 商品部门人员凭盖章的计算机小票填制退货（红字）手工购物单，交值班员，同时在退货单上签名且注明实收数量。

③ 值班员将原计算机小票收回，对一票多品种计算机小票，如顾客需要保留小票原件，则将小票流水号及收银台号填在退货单上，通知收银监察员或值班店员在退货单上签字后，将计算机小票原件返还顾客。

④ 值班员在服务台的收银台输入授权密码后，将手续完备的退货单及手工购物单交收银员签名后输入电脑，打印出退货计算机小票，值班员在计算机小票上签字后交给收银员并让其退给顾客货款。

⑤ 退还顾客所交货款方法和退非开单销售商品相同。

⑥ 值班员将收回的原购物小票、退货计算机小票第三联贴在退货单收银联上，退货计算机小票第二联及收银员盖章后的红字手工购物单交商品部门留存。

三、换货手续的业务操作

换货手续的业务操作与退货业务大同小异。当顾客提出换货要求，值班员验收商品，确认商品是否符合换货范围，如值班员不能确认商品是否符合换货范围，应通知商品部门主管到服务台验收商品。

（一）更换非开单销售商品

① 在计算机小票上加盖"退换货专用章"，在小票背面注明"换货"字样并签名，退回商品需留存服务台。

② 顾客持计算机小票到商品部门挑选新商品。

③ 顾客执新选商品从指定退换货收银台办理换货手续。指定收银台收银员验证顾客计算机小票上需换商品与顾客挑选的新商品是否是同条码、同编码商品。

1）如顾客挑选的新商品与需换商品条码相符，收银员在顾客计算机小票的所换商品上注明"已换新"和更换日期并签字，将计算机小票和商品交顾客。

2）如顾客挑选的新商品与需换商品条码不符，则可以根据以下不同情况进行分类处理。

收银员可建议顾客对新换商品先行买单，之后顾客可凭新购商品的计算机小票及原需换商品的计算机小票，到服务台对原需换商品办理退货手续。

如果顾客不同意对新换商品先行买单，收银员应要求顾客将商品留存收银台，并将新商品条码抄于小票背面并签字，请顾客到服务台办理收、付差价手续（服务台距离较远的门店可通知服务台值班员到收银台授权收银员办理）。服务台值班员检查商品条码，填写换货单，并签字且注明实收数量。值班员将原计算机小票收回，对一票多品种计算机小票，如顾客需要保留小票原件，则将小票流水号及收银台号填在换货单上，通知收银监察员或值班店员在换货单上签字后，将计算机小票原件返还顾客，并在小票上注明该商品“已换新”字样。

值班员在收银台输入授权密码后，将换货单交收银员签字后输入计算机，打印出换货计算机小票，并由值班员在计算机小票上签字后，交收银员收、付换货差价，并将退、补差价的换货计算机小票第一联交顾客。顾客凭换货计算机小票第一联，回原指定收银台，通过收银员核对顾客计算机小票后，将计算机小票和商品交顾客。

④ 值班员将换货计算机小票第三联贴于换货单收银联上。退货计算机小票第二联贴于换货单第一联，由服务台留存。

（二）更换开单销售商品

① 需换商品与顾客挑选的新商品是同条码、同编码商品。商品部门人员收回原商品，并在顾客计算机小票的所换商品上注明“已换新”和更换日期并签字，将计算机小票和新换商品交顾客。

② 顾客挑选的新商品与需换商品条码不符，商品部门人员应分别对将退回、换出商品填制红字、蓝字手工购物单，执已换商品、顾客原计算机小票、手工购物单，与顾客一起到服务台办理补差价手续。

1）服务台值班员检查商品条码、编码，填写换货单，并签字且注明实收数量。

2）值班员将原计算机小票收回，对一票多品种计算机小票，如顾客需要保留小票原件，则将小票流水号及收银台号填在换货单上，通知收银监察员或值班店员在换货单上签字后，将计算机小票原件返还顾客。

3）值班员在收银台输入授权密码后，将换货单交收银员签字后输入计算机，打印出退货计算机小票，并由值班员在计算机小票上签字后，交收银员收、付换货差价，并将红字、蓝字手工购物单、退、补差价的退货计算机小票第二联交商品部门人员，退货计算机小票第一联交顾客。

③ 商品部门人员检查收银员盖章后的手工购物单及退货计算机小票第二联后留存单据，并发货给顾客。

工作任务四 退换货业务注意事项

退换货业务的合理处理，可以重新获得顾客的信任，赢得市场。所以在退换货业务中，工作人员必须注意以下几点。

① 顾客第一原则。在处理退换货的时候要注意礼貌用语，设身处地为顾客考虑，在不影响本企业利益的前提下，灵活处理，最大满足消费者的要求。

② 熟知退换政策、标准,《消费者保护法》以及商品常识及相关的商品知识。

③ 明确权限。

④ 寻求最佳退款方式。退款方式最好对照原购物付款方式。

复习思考题

一、名词解释

1. 退货
2. 换货

二、简答题

1. 简述商品的退换货标准。
2. 简述退货业务的操作流程。
3. 换货时,如所换商品与原购商品条形码不同应如何处理?

三、实践题

1. 到附近的商场或超市实地观察、学习如何进行退换货业务的处理。他们的退换货标准是什么?

2. 三人一组,分工合作,模拟实践,结合本项目所学的知识模拟办理退换货业务。

项目七

资金与设备管理

学习目标

通过本项目内容的学习,要求掌握现金管理制度、支票管理原则及相关注意事项;了解现金及支票的管理要求;熟习发票领用、保管的具体要求及相关收银设备的使用要求。

项目重点

掌握现金管理制度、支票管理原则及注意事项。

工作任务一　现金与支票管理

一、结算与现金管理

(一) 结算

1. 结算的概念

随着商品经济的发展,货币的产生,人们之间的商品交换都以货币作为媒介来进行。商品生产者首先把自己的商品销售出去,换成货币,再用货币去购买他人的商品,货币在商品交换过程中的这种收付行为就是货币结算,或者说货币清算。它不仅用于商品买卖的结算,而且还被广泛地应用于劳务供应、信贷的存放以及资金调拨等各个方面。在现代市场经济条件下,人们的一切经济活动几乎都使用货币进行结算。

2. 结算的种类

结算可以从不同的角度进行不同的分类。

结算按照其是否使用现金,可以分为现金结算和转账结算。现金结算是指利用现钞进行的货币收付行为;转账结算是指不使用现钞,而是通过银行或非银行金融机构将款项由付款人账户转到收款人账户的货币收付行为。

① 结算按其是否通过银行来办理,分为银行结算和非银行结算。所谓银行结算是指通过银行来办理的结算业务,它包括通过银行办理的现金结算和通过银行办理的转账结算;非银行结算是指不通过银行来办理的结算,包括现金结算和通过非银行金融机构办理的转账结算。

② 结算按照收款人和付款人是否在同一城镇或同一规定区域,分为同城结算和异地结

算。同城结算是指处于同一城镇或同一地区的收款人和付款人之间的货币收付行为；异地结算是指处于不同城镇或不同地区的收款人和付款人之间的货币收付行为。

收银员每天收取的营业款项有现金、支票、信用卡等货币资金，其中最主要的是现金与支票。现金与支票作为企业的重要财产，它的管理非常重要。每个收银员不仅要负责现金与支票的收取，而且还要负责现金与支票的保管。

（二）现金结算

1. 现金结算的概念

所谓现金结算是指收款人和付款人之间使用现实的货币，即用现钞来进行的货币收付行为。现金结算主要有两种渠道：一种是付款人直接将现金支付给收款人，不通过银行等中介机构；另一种是付款人委托银行和非银行金融机构或非金融机构“如邮局”将现金支付给收款人。

2. 现金结算的特点

① 直接和便利。在现金结算方式下，买卖双方一手交钱，一手交货，当面钱货两清，无须通过中介，因而对买卖双方来说是最为直接和便利的。同样，在劳务供应、信贷存放和资金调拨方面，现金结算也是最为直接和便利的，因此广泛地被社会大众所接受。

② 不安全性。由于现金使用极为广泛和便利，因而便成为不法分子觊觎的最主要目标，很容易被偷盗、贪污、挪用。在现实经济生活中，大多数的经济犯罪活动都是和现金有关。此外，现金还容易因火灾、虫蛀、鼠咬等发生损失。

③ 不易宏观控制和管理。由于现金结算大部分不通过银行进行，因而使国家很难对其进行控制。过多的现金结算会使流通中的现钞过多，从而容易造成通货膨胀，增大对物价的压力。

④ 费用较高。使用现金结算各单位虽然可以减少银行的手续费用，但其清点、运送、保管的费用很大。对于整个国家来说，过多的现金结算会增大整个国家印制、保管、运送现金和回收废旧现钞等工作的费用和损失，浪费人力、物力和财力。

（三）现金管理制度

1. 现金的含义

现金有广义和狭义两个概念。广义的现金是指随时可以作为流通和支付手段的票证，不仅包括库存现金，还包括视同现金的各种银行存款、流通证券等。狭义的现金仅指流通中使用的及银行库存的现款人民币。现金是流动性最强的一种货币资金，它可以作为即付媒介，投入流通，进行交换，随时用于购买所需物资，支付日常零星开支，偿还债务等。

这里所讲的现金是指狭义的现金。

2. 国家现金管理制度

国家现金管理制度是指国家对各机关、团体、部队、企业、事业单位及其他在银行开设账户的单位现金的使用范围与数量的监督与控制的制度。国家现金管理的主体是国家银行。

根据《现金管理暂行条例》及其实施细则的规定，中国人民银行总行是现金管理的主管部门，各级人民银行履行金融主管机关的职责，负责对开户银行的现金管理进行监督和稽核。开户银行负责现金管理的具体执行，对开户单位的现金收支、使用进行监督管理。现金管理的对象是在银行和其他金融机构（简称开户银行）开立账户的机关、团体、部队、企业、事业单位及其他在银行开户的单位（简称开户单位）。现金管理制度的主要内容是：对开户单位现金使用范围的管理、使用限额的管理、库存限额的管理、货币现金的审批以及违反现金管理法规行为的处理等。

3. 现金开支范围

现金开支范围是指按照国家规定可以使用现金进行结算的范围。由于现金具有使用广泛、便利的优点，同时又具有使用不安全、不利于国家宏观管理和控制以及费用较高的缺点，因此国家规定，企业、事业单位和机关、团体、部队除按规定的范围可以使用现金外，应按规定通过开户银行进行转账结算。具体的现金开支范围，根据国务院《现金管理暂行条例》及中国人民银行《现金管理暂行条例实施细则》明确规定，企业、事业单位和机关、团体、部队只能在以下范围内开支使用现金。

① 职工工资、各种工资性津贴。这里所说的职工工资指企业、事业单位和机关、团体、部队支付给职工的工资和工资性津贴。

② 个人劳务报酬。它是指由于个人向企业、事业单位和机关、团体、部队等提供劳务而由企业、事业单位和机关、团体、部队等向个人支付的劳务报酬，包括新闻出版单位支付给作者的稿费，各种学校、培训机构等支付给外聘教师的讲课费，以及设计费、装潢费、制图费、化验费、测试费、医疗费、法律服务费、咨询费、各种演出与表演费、技术服务费、介绍服务费、经纪服务费、代办服务费及其他劳务费用等等。

③ 支付给个人的各种奖金。它包括根据国家规定颁发给个人的各种科学技术、文化艺术、体育等各种奖金。

④ 各种劳保、福利费用以及国家规定的对个人的其他现金支出，如退休金、抚恤金、学生助学金、职工生活困难补助费等。

⑤ 收购单位向个人收购农副产品和其他物资，如金银、工艺品、废旧物资等的价款。

⑥ 单位预借给出差人员必须随身携带的差旅费。

⑦ 结算起点以下的零星支出。按照规定，结算起点为 1 000 元，超过结算起点的，应实行银行转账结算。在结算起点以下的零星支出可以使用现金进行结算，结算起点的调整由中国人民银行确定报国务院备案。

中国人民银行确定需要现金支付的其他支出，如因采购地点不确定、交通不便、抢险救灾以及其他特殊情况，办理转账结算不够方便，必须使用现金的支出。对于这类支出，开户单位应向开户银行提出书面申请，由本单位财会部门负责人签字盖章，开户银行审查批准后，予以支付现金。这里所说的开户单位是指在银行和其他金融机构开立账户的企业、事业单位和机关、团体和部队。这里所说的开户银行是指开户单位在其设立账户的银行和其他金融机构，包括各商业银行，如中国工商银行、中国农业银行、中国建设银行、中国银行、交通银行、中信实业银行、光大银行、招商银行、城市信用社、农村信用社和其他金融机构，如保险公司、信托投资公司等，以及经批准在中国境内经营人民币业务的外资、中外合资银行和金融机构。一个单位在几家银行开户的，只能在一家银行开设现金结算户，支取现金，由该家银行负责核定库存现金限额和进行现金管理检查。

除上述第⑤、⑥两项外，各企业，事业单位和机关、团体、部队支付给个人的款项中，支付现金每人不得超过 1 000 元，超过限额部分，根据提款人的要求在指定的银行转为储蓄存款或以支票、银行本票支付。确需全额支付现金的，应经开户银行审查后予以支付。

4. 库存现金的限额管理

(1) 库存现金限额的含义

为了加强对现金的管理,压缩各单位保存的现金量,促进货币回笼,防止由于保存大量现金带来的弊病,保证款项的安全和银行结算制度的完整,同时保证企业、事业单位和机关、团体、部队有足够现金及时支付日常零星开支,国家规定凡是银行开户单位,都应由开户银行核定一个保留库存现金的最高额度,这个额度就叫库存现金限额,简称库存限额。

(2) 库存现金限额的核定

按《现金管理暂行条例》及其实施细则的规定,库存现金限额由开户银行和开户单位根据具体情况商定。一般情况下,开户银行根据开户单位零星开支的实际需要,核定3~5天的日常零星开支数额作为该单位的库存现金限额。这里所说的日常零星开支,是指定期性的大额现金支出(如发工资、奖金等)和不定期的大额现金支出(如新闻出版单位的稿费支出等)以外的零星的行政费用支出。距离银行较远且交通不方便的开户单位,其库存现金限额的核定天数可适当放宽在5天以上,但最多不得超过15天的日常零星开支的需要量。

知识链接

关于库存现金限额的规定

按照规定,库存现金限额每年核定一次。库存限额经银行核定后,开户单位不得任意超过限额。开户单位由于生产的发展和业务的变化,需要增加或减少库存现金限额的,可以随时向开户银行提出申请,经审查批准后再进行调整。

5. 严格控制坐支

坐支是指企业、事业单位和机关、团体、部队从本单位的现金收入中直接用于现金支出。按照《现金管理暂行条例》及其实施细则的规定,开户单位支付现金,可以从本单位的现金库存中支付或者从开户银行提取,不得从本单位的现金收入中直接支出(即坐支)。这主要是因为坐支使银行无法准确掌握各单位的现金收入来源和支出用途,干扰开户银行对各单位现金收付的管理,扰乱国家金融秩序,因此坐支现金是违反财经纪律的行为,会受到财经纪律的处罚。

6. 对现金采购的规定

按规定,各单位派人到外地采购,应按银行结算办法规定,通过银行将款项汇往采购地点,接受采购地银行管理与监督,不准携带现金直接到外地采购或以化整为零的形式套取现金。按规定,在某些特殊情况下,如因采购地点不固定,交通不便,生产或者市场急需,以及其他特殊情况必须携带现金进行采购的,应由开户单位向开户银行提出申请,由本单位财会部门负责人签字盖章,经开户银行审查同意并开具有关证明后便可携带现金到外地采购。

按照规定,在银行开户的个体工商户、农村承包经营户异地采购的货款,应当通过银行以转账方式进行结算。因采购地点不确定、交通不方便必须携带现金的,由客户提出申请,开户银行根据实际需要予以支付现金。

未在银行开户的个体工商户、农村承包经营户异地采购,可以通过银行以汇兑方式支付。凡加盖“现金”字样的结算凭证,汇入银行必须保证支付现金。

另外,按照规定,机关、团体、部队、全民所有制和集体所有制企业、事业单位购置规定的专项控制商品,必须采取转账结算方式,不得使用现金。

7. 现金管理"八不准"

按照《现金管理暂行条例》及其实施细则的规定，企业、事业单位和机关、团体、部队现金管理应遵守"八不准"。这"八不准"如下。

- 不准用不符合财务制度的凭证顶替库存现金。
- 不准单位之间相互借用现金。
- 不准谎报用途套取现金。
- 不准利用银行账户代其他单位和个人存入或支取现金。
- 不准将单位输入的现金以个人名义存入储蓄。
- 不准保留账外公款（即小金库）。
- 不准发行变相货币。
- 不准以任何票券代替人民币在市场上流通。

开户单位如有违反现金管理"八不准"的任何一种情况，开户银行可按照《现金管理暂行条例》的规定，责令其停止违法活动，并根据情节经重给予警告或罚款。

8. 现金管理的监督检查

按照规定，各开户银行依照《现金管理暂行条例》及其实施细则的规定和中国人民银行的有关规定，负责现金管理的具体实施，对各开户单位收支、使用现金进行监督管理。开户银行对开户单位的现金监督管理主要包括以下几个方面内容。

（1）库存现金限额的管理

开户银行要从实际出发，本着既要保证单位日常零星现金支付的合理需要，又要减少现金使用的原则，合理核定各单位的库存现金限额。

（2）柜面管理

所谓柜面管理是指开户银行的柜面人员，在办理业务过程中，对开户单位的现金收支和使用情况所进行的监督。按《现金管理暂行条例》及其实施细则的规定，在开户单位送存或支付现金时，要对凭证上写明的款项来源和用途是否符合规定，进行逐笔审查，凡不符合规定的现金支出（即用途），银行予以拒绝付款；凡不符合规定的现金收入（即来源），应查明原因，反映给有关部门核实处理。

（3）现金管理检查

按照规定，开户银行有权深入开户单位，定期和不定期地对开户单位的现金收支情况进行检查，并按照规定向当地人民银行报告现金管理情况。各开户单位要向银行派出的核查人员提供有关资料，如实反映情况。开户银行的现金管理检查一般包括如下内容。

① 是否超过库存现金限额，账面库存金额和实际库存现金是否一致。

② 是否有用白条或其它单据替库存现金及公款私借问题。

③ 是否有擅自"坐支"和账外保留公款情况。

④ 现金收入是否正常，现金支出有无扩大使用范围，有无假造用途套取现金等情况。

⑤ 是否存在携带大额现金外出采购问题。

⑥ 有无用转账凭证套取现金。

⑦ 有无出租出借账户。

⑧ 有无发行变相货币，用票券代替人民币在市场流通。

开户银行检查人员要编制现金管理执行情况检查报告表（其基本格式见表 7.1），对现金管理检查情况进行逐一登记，并及时向银行领导进行汇报。开户银行对发现的开户单位违反《现金管理暂行条例》及其实施细则和中国人民银行有关规定的行为应及时予以纠正，并进行处罚。

另外，开户单位的主管部门也要定期和不定期地检查所属单位执行国家现金管理制度的情况，发现问题及时纠正，并将检查情况书面通知开户银行。

表 7.1　现金管理执行情况检查报告表

单位名称：× ×

检查期　自　年　月　日至　年　月　日

核定库存现金限额	元	核定每月坐支现金限额	元
检查日账面库存现金	元	检查期实际坐支现金额	元
检查日实际库存现金	元		
检查日库存长款或短款	元		
检查日白条顶库　张	元		
现金收入及交存情况：			
现金支付情况：			
坐支现金使用情况：			
被检查单位意见： 盖章 年　月　日		开户银行意见： 盖章 年　月　日	
检查员：			年　月　日

开户单位对开户银行做出的处罚决定不服的，必须首先按照处罚决定执行，然后在十日内向当地人民银行申请复议；开户单位对人民银行作出的复议决定不服的，可自收到复议决定之日起三十日内向人民法院起诉。

9. 单位内部现金管理制度

企业、事业单位和机关、团体、部队及其他单位一方面应严格遵守国家现金管理制度的规定，接受开户银行对其现金管理的监督检查；另一方面从本单位内部管理的角度讲，也应当加强对现金的管理，把现金结算和现金使用压缩在合理的范围之内。这是因为从业务经营的角度来说，各单位必须保持一定量的现金以满足其正常业务经营的需要，但也不能保留过多的现金，因为从财务管理的角度看，现金是所有资产中收益率最低的，将现金存入银行或用于购买短期证券等还可以取得一定的利息收入，而保留现金不能取得任何收入，过多地保留现金将降低单位资产的获利能力。而且现金是流动性最强的资产，它无须变现即可挥霍使用，因而最容易成为不法分子偷盗、贪污、挪用的对象。因此，各单位应在严格遵守国家现金管理制度的同时，建立、健全单位内部现金管理制度。

单位内部的现金管理制度一般包括以下几个方面。

想一想

会计与出纳为什么分开？

(1) 钱账分管制度

按照钱账分管(即管钱的不管账、管账的不管钱)原则,各单位应配备专职或兼职的现金经管人员(包括出纳员和收银员,下同),负责办理现金收付业务和现金保管业务,其他人员不得经管现金收付业务和现金保管业务;另一方面,现金经管人员不得兼管稽核、会计档案保管和收入、费用、债权、债务账目的登记工作。建立钱账分管制度,可以使现金经管人员和会计人员相互牵制、相互监督从而减少错误和贪污舞弊的可能性,因为一个人即管钱又管账,那么他犯错误和进行贪污的机会和成功的可能性就较大;而实行钱账分管制度则不同,一般来说,两个人犯同样错误的机会很少,而且除非两人有意识地合伙舞弊,否则其中一个人单独舞弊的机会和成功的可能性就大为减小。当然,管钱的不管账,并不是说出纳人员不能管理任何账。现金经管人员在办理现金收付业务和现金保管的同时,可以兼登记现金日记账和编制现金日报表,由会计人员登记现金总账;也有的单位由现金经管人员登记现金账(包括现金总账和日记账)、编制现金日报表。但按《会计法》的规定,现金经管人员不得兼管稽核、会计档案保管和收入、费用、债权、债务账目的登记工作。

(2) 现金开支审批制度

各单位应按照《现金管理暂行条例》及其实施细则规定的现金开支范围,并根据本单位的生产经营管理实际,现金付出业务的繁简,以及现金开支的额度等,建立、健全现金开支审批制度,以加强现金开支的日常管理。现金开支审批制度一般应包括以下内容。

① 明确本单位现金开支范围。各单位应按《现金管理暂行条例》及其实施细则的规定,确定本单位的现金开支范围,如支付职工工资、支付职工差旅费、支付职工因公借款、支付零星采购材料款和运杂费等。

② 制定各种报销凭证,规定报销手续和办法。各单位应按其业务内容制定各种报销凭证,如工资支付单、借款单、购料凭单、差旅费报销单等,并规定各种报销凭证的使用方法,以及各种凭证的传递手续,确定各种现金支出业务的报销办法。

③ 确定各种现金支出的审批权限。各单位应根据其经营规模、内部职责分工等,确定不同额度和不同的现金支出审批权限。比如,凡是现金开支额在200元以下的,由会计人员审查批准;凡是现金开支额在200元以上500元以下的,由单位财务主管审查批准;凡是现金开支额在500元以上1 000元以下的,必须由单位主管副厂长(或副经理等)批准;凡是现金开支额在1 000元以上的,由单位最高领导批准等。现金经管人员根据按规定权限经审核批准并签章的有关凭证办理现金付款业务。没有经过审核批准并签章的或者有关人员超越规定审批权限的,不予付款。

(3) 日清月结制度

日清月结是办理现金收付工作的基本原则和要求,也是避免出现长款、短款的重要措施。所谓日清月结就是现金经管人员办理现金收付业务必须做到按日清理、按月结账。这里所说的按日清理是指对当日的经济业务进行清理,全部登记日记账,结出库存现金账面余额,并与库存现金实地盘点数核对相符。按日清理的内容如下。

① 清理各种现金收付款凭证,看看单证是否相符,也就是说各种收付款凭证所填写的内容与所附原始凭证反映的内容是否一致,同时还要检查每张单证是否已经盖齐"收讫""付讫"的戳记。

② 登记和清理日记账。将当日发生的所有现金收付业务全部登记入账。在此基础上,看看账证是否相符,即现金日记账所登记的内容、金额与收、付款凭证的内容、金额是否一致。清理完毕后,结出现金日记账的当日库存现金账面余额。

③ 现金盘点。现金经管人员应按券别（如壹角、贰角、伍角、壹元、贰元、伍元、拾元、伍拾元、壹佰元）分别清点其数量，然后加总，即可得出当日现金的实存数。将盘存得出的实存数和账面余额进行核对，看两者是否相符，如发现有长款或短款，应进一步查明原因，及时进行处理。所谓长款指现金实存数大于账存数；所谓短款是指实存数小于账面余额。如果经查明长款属于记账错误、丢失单据等，应及时更正错账或补办手续，如属少付他人则应查明退还原主，如果确实无法退还，应经过一定审批手续可以作为单位的收益；对于短款如查明属于记账错误应及时更正错账，如果属于工作疏忽或业务水平问题，一般应按规定由过失人赔偿。

④ 按规定实际库存现金不得超过库存现金限额。如实际库存现金超过库存限额，则应将超过部分及时送存银行；如果实际库存现金低于库存限额，则应及时补提现金。

(4) 现金清查制度

在坚持日清月结制度，由现金经管人员对库存现金进行检查清查的基础上，为了加强对现金收付工作的监督，及时发现可能发生的现金差错或丢失，防止贪污、盗窃、挪用公款等不法行为的发生，确保库存现金安全完整，各单位应建立库存现金清查制度。由有关领导和专业人员组成清查小组，定期或不定期地对库存现金情况进行清查盘点，重点放在账款是否相符，有无白条抵库、有无私借公款、有无挪用公款、有无账外资金等违纪违法行为上。

一般来说，现金清查多采用突击盘点方法，不预先通知现金经管人员，以防预先做手脚。盘点时间最好在一天业务没有开始之前或一天业务结束后，由现金经管人员将截止清查时现金收付账项全部登记入账，并结出账面余额，这样可以避免干扰正常的业务。清查时现金经管人员应始终在场，并给予积极的配合。清查结束后，应由清查人填制“现金清查盘点报告表”，填列账存、实存以及溢余或短缺金额，并说明原因，上报有关部门或负责人进行处理。“现金清查盘点报告表”格式如表 7.2 所示。

表 7.2　现金清查盘点报告表

单位名称：　　　　　　　　　　　　　　　　　　　　　　　年　　月　　日

<table>
<tr><th rowspan="2">账面金额</th><th rowspan="2">实存金额</th><th colspan="2">清查结果</th><th colspan="2">问题简要说明</th></tr>
<tr><th>盘盈</th><th>盘亏</th><td colspan="2" rowspan="3"></td></tr>
<tr><td></td><td></td><td></td><td></td></tr>
<tr><td rowspan="2">单位负责人处理意见</td><td colspan="3" rowspan="2"></td></tr>
<tr><td>备注</td><td></td></tr>
</table>

财务负责人：　　　　出纳：　　　　鉴别人：　　　　盘点人：

(5) 现金保管制度

如前所述，现金是流动性最强的资产，无需变现即可挥霍使用，因而现金是犯罪分子牟取的最直接目标。因此各单位应建立健全现金保管制度，防止由于制度不严、工作疏忽而给犯罪分子以可乘之机，给国家和单位造成损失。现金保管制度一般包括如下内容。

① 超过库存限额以外的现金应在下班前送存银行。

② 为加强对现金的管理。除工作时间需要的小量备用金可放在现金经管人员的抽屉内，其余则应放入专用的保险柜内，不得随意存放。

③ 限额内的库存现金当日核对清楚后，一律放在保险柜内，不得放在办公桌内过夜。

④ 单位的库存现金不准以个人名义存入银行,以防止有关人员利用公款私存取得利息收入,也防止单位利用公款私存形成账外小金库。银行一旦发现公款私存,可以对单位处以罚款,情节严重的,可以冻结单位现金支付。

⑤ 库存现金(包括纸币和铸币)应实行分类保管。对库存票币分别按照纸币的票面金额和铸币的币面金额,以及整数(即大数)和零数(即小数)分类保管。

纸币一定要打开铺平存放,并按照纸币的票面金额,以每一百张为一把、每十把一捆扎好。凡是成把、成捆的纸币即为整数(即大数),均应放在保险柜内保管,随用随取;凡不成把的纸币即为零数(或小数),也要按照票面金额,每十张为一扎,分别用曲别针别好,放在传票箱内或抽屉内,一定要存放整齐,秩序井然。

铸币也是按照币面金额,以每一百枚为一卷,每十卷为一捆,同样将成捆、成卷的铸币放在保险柜内保管,随用随取;不成卷的铸币,应按照不同币面金额,分别存放在特定的卡数器内。

(6) 保险柜的配备使用

为了保卫国家财产安全和完整,各单位应配备专用保险柜,专门用于库存现金、各种证券、银行票据、印章及其他票据等的保管。各单位应加强对保险柜的使用管理,一般来说,保险柜的使用应注意如下几点。

① 保险柜的管理。保险柜一般由总会计师或财务处(科、股)长授权,由现金经管人员负责管理使用。

② 保险柜钥匙的配备。保险柜要配备两把钥匙,一把由现金经管人员保管,供日常工作开启使用;另一把交由保卫部门封存,或由单位总会计师或财务处(科、股)长负责保管,以备特殊情况下经有关领导批准后开启使用。现金经管人员不能将保险柜钥匙交由他人代为保管。

③ 保险柜的开启。保险柜只能由现金经管人员开启使用,他人不得开启保险柜。如果单位总会计师或财务处(科、股)长需要对现金管理人员工作进行检查(如检查库存现金限额、核对实际库存现金数额),或有其他特殊需要开启保险柜的,应按规定的程序由总会计师或财务处(科、股)长开启。在一般情况下不得随意开启保险柜。

④ 财物的保管。保险柜内存放的现金应设置和登记现金日记账,其他有价证券、存折、票据等应按种类造册登记,贵重物品应按种类设置备查簿登记其质量、重量、金额等,所有财物应与账簿记录核对相符。按规定,保险柜内不得存放私人财物。

⑤ 保险柜密码。现金经管人员应将自已保管使用的保险柜密码严格保密,不得向他人泄露,以防止他人利用。发生人员调动岗位时,接管人员应更换使用新的密码。

⑥ 保险柜的维护。保险柜应放置在隐蔽、干燥之处,注意通风、防湿、防潮、防虫和防鼠,保险柜外要经常擦抹干净,保险柜内财物应保持整洁卫生、存放整齐。一旦保险柜发生故障,应到公安机关指定的维修点进行修理,以防泄密或失盗。

⑦ 保险柜被盗处理。发现保险柜被盗后应保护好现场,迅速报告公安机关(或保卫部门),待公安机关勘查现场时才能清理财物被盗情况。节假日满两天以上或现金经管人员离开两天以上没有派人代其工作的,应在保险柜锁孔处贴上封条,现金经管人员到位工作时揭封。如发现封条被撕掉或锁孔处被弄坏,也应迅速向公安机关或保卫部门报告,以使公安机关或保卫部门及时查清情况,防止不法分子进一步作案。

（四）现金存放

现金存放主要是指对每日收取的现金和库存现金的存放。

现金存放有以下几项管理要求。

① 企业库存现金按照开户银行规定的限额存放。要求企业在满足正常的日常开支需要的前提下,减少现金的库存量。

② 企业收取的现金和超出库存限额的现金必须及时送存银行。如库存现金不足限额时,可以向银行提取现金。

③ 企业现金的保管必须由企业的出纳人员办理,非出纳人员不得经管现金。

④ 企业收银员营业期间收取的每一笔现金,必须及时放入电子收银机的钱箱内,临时外出需将钱箱锁好。下班时,将所收现金整理清点后上缴给企业总收款室,并由总收款室人员及时送存银行。

⑤ 现金的存放要有相应的保安措施。保安工作的重点是企业的总收款室和出纳人员的办公室。总收款室和出纳办公室应选择坚固、实用的房间,能防火、防潮、防盗,窗户要装有防盗网,门要安装防盗门,室内应配备专用保险柜,保险柜密码和钥匙应由总收款人员和出纳人员专门管理,不得交其他人员代管。总收款人员和出纳人员变动,应及时更换保险柜密码。

⑥ 对收银机钱箱及保险柜内的现金,为便于管理应按券别分类存放;纸币和硬币也应分别存放,以便于整理和清点。

出纳人员和收银员在收付、存放现金时需要注意的是应爱护人民币,不损毁人民币,不在人民币上写字、画记号。残缺、破损的人民币,应及时向银行兑换。

（五）现金交账

1. 出纳向银行交款

首先,各企业按银行核定的库存限额保管、使用现金,收取的现金和超出库存限额的现金,需要及时送存银行。具体的现金送存程序如下。

① 出纳人员先清点票币,将同等面额的纸币放在一起,每一百张为一把,清点准确,捆扎牢固;不够一把的,按票面金额从大到小顺序排放。

② 将同等面额硬币放在一起,1 角、5 角、1 元硬币,每 50 枚用纸卷成一卷,分币每 100 枚卷成一卷,不足一卷的不送银行,留作找零用。

③ 票款清点无误后,出纳人员填写现金交款单,将现金存入银行。

此外,还需要填写现金缴款单。现金缴款单一般为一式两联,第一联为回单,此联由银行盖章后退回缴款单位;第二联为收入凭证,此联由收款人开户银行作为记账凭证。出纳人员在填写现金缴款单时,需要注意以下几点。

1）要用双面复写纸填写。

2）缴款日期必须填写缴款当日。

3）收款人名称必须写全称。

4）款项来源要如实填写。

5）大小写金额一致。

6）书写要规范、标准。

7）券别和数量要按实际存款数填写。

最后,将款项和现金缴款单一同送开户银行。银行核对盖章后,将第一联退回交款人,作为记账凭证。

2. 收银员向总收款室缴款

收银员收取的现金，下班时必须上缴给企业的总收款室。具体程序为：收银员应将当班期间的营业额进行盘点，核对无误后，进行清点整理，纸币满一百张捆成一把，不满一百张的，按票面金额大小顺序排好；硬币满50枚卷成一卷，不满50枚，按币值分类，以专用硬币盒排好。票款核对无误后，填写现金缴款单，将现金上缴总收款室。

现金缴款单一式两联，收银员在填写时，应注意用双面复写纸，日期应为营业日当天，款项内容填写清楚，收据张数要准确无误，大小写金额要一致，缴款人签字盖章，并将收据附在报交款单后，与款项一同送缴总收款室，最后由总收款室人员汇总，清点无误后交存开户银行。

二、支票管理

（一）支票的概念及种类

1. 支票

支票就是由出票人签发的，委托办理支票存款业务的银行或其他金融机构在见票时，无条件支付确定的金额给收款人或者持票人的票据。通俗地说，支票就是存款人开出的付款通知。《票据管理实施办法》第11条规定支票的出票人为在经中国人民银行批准办理存款业务的银行、城市信用社和农村信用合作社开立支票存款账户的企业、其他组织和个人。支票的付款人为支票上记载的出票人开户银行。目前，常用的支票主要有现金支票和转账支票两种。现金支票是开户单位用于向开户银行支取现金的凭证，转账支票是用于同城单位之间的商品交易、劳务供应或其他往来款项的结算凭证。

2. 现金支票

现金支票是开户单位用于向开户银行提取现金的凭证。现金支票只能用于支取现金。现金支票票样如表7.3所示。

表7.3　现金支票

中国工商银行　现金支票（粤）		广州　ⅥⅡ00000002										
出票日期（大写）　年　月　日												
付款行名称：												
收款人：		出票人账号：										
本支票付款期限十天	人民币（大写）	亿	千	百	十	万	千	百	十	元	角	分
	用途______ 上列款项请从 我账户内支付 出票人签章	科目（借） 对方科目（贷） 付讫日期　年　月　日 出纳　复核　记账										
		贴对号单处	ⅥⅡ 00000002									

现金支票的结算程序如下。

① 开户单位用现金支票提取现金时,由本单位出纳人员签发现金支票并加盖银行预留印鉴后,到开户银行提取现金。

② 开户单位用现金支票向外单位或个人支付现金时,由付款单位出纳人员签发现金支票,并加盖银行预留印鉴和注明收款人后交收款人。

③ 收款人持现金支票到付款单位开户银行提取现金,并按照银行的要求交验有关证件。

3. 转账支票

转账支票是用于同城单位之间的商品交易、劳务供应或其他款项往来的结算凭证。转账支票只能用于转账,不得支取现金。转账支票票样如表7.4(正面)、表7.5(背面)所示。

表7.4　转账支票(正面)

<table>
<tr><td colspan="13">中国工商银行　转账支票(粤)　广州　ⅣⅢ00000002
出票日期(大写)　年　月　日
付款行名称:
收款人:　出票人账号:</td></tr>
<tr><td rowspan="3">本支票付款期限十天</td><td rowspan="2">人民币
(大写)</td><td>亿</td><td>千</td><td>百</td><td>十</td><td>万</td><td>千</td><td>百</td><td>十</td><td>元</td><td>角</td><td>分</td></tr>
<tr><td></td><td></td><td></td><td></td><td></td><td></td><td></td><td></td><td></td><td></td><td></td></tr>
<tr><td>用途__________
上列款项请从
我账户内支付
出票人签章</td><td colspan="11">科目(借)
对方科目(贷)
转账日期　年　月　日
复核　记账

ⅥⅡ 00000002</td></tr>
</table>

表7.5　转账支票(背面)

<table>
<tr><td>被背书人</td><td>被背书人</td><td>被背书人</td><td rowspan="2">贴粘单处</td></tr>
<tr><td>背书人签章
年　月　日</td><td>背书人签章
年　月　日</td><td>背书人签章
年　月　日</td></tr>
</table>

转账支票的结算程序如下。

① 付款人按应支付的款项签发转账支票后交收款人，凭支票存根贷记“银行存款”账户，借记对应账户。

② 收款人审查无误后，填制一式三联“进账单”，连同支票一并送交本单位开户银行。进账单格式如表 7.6 所示。

表 7.6　银行进账单（回单）

科目：　　　　　　　　　　　　年　　月　　日　　　　　　　　　　　对方科目：

<table>
<tr><td rowspan="2">收款单位</td><td>全称</td><td colspan="2"></td><td colspan="4">款项来源</td><td colspan="8"></td></tr>
<tr><td>账号</td><td colspan="2"></td><td colspan="4">款项种类</td><td colspan="8">票据（分页填写）</td></tr>
<tr><td colspan="12">人民币
（大写）</td><td colspan="4"></td></tr>
<tr><td colspan="3">托收票据目录第　页　共　页</td><td rowspan="2">款项性质</td><td colspan="10">金　额</td><td rowspan="6">（收款银行盖章）</td></tr>
<tr><td>付款行交换号码</td><td>付款单位账号</td><td>凭证号码</td><td></td><td></td><td></td><td></td><td></td><td></td><td></td><td></td><td></td><td></td></tr>
<tr><td></td><td></td><td></td><td></td><td></td><td></td><td></td><td></td><td></td><td></td><td></td><td></td><td></td><td></td></tr>
<tr><td></td><td></td><td></td><td></td><td></td><td></td><td></td><td></td><td></td><td></td><td></td><td></td><td></td><td></td></tr>
<tr><td></td><td></td><td></td><td></td><td></td><td></td><td></td><td></td><td></td><td></td><td></td><td></td><td></td><td></td></tr>
<tr><td></td><td></td><td></td><td></td><td></td><td></td><td></td><td></td><td></td><td></td><td></td><td></td><td></td><td></td></tr>
</table>

此联由银行盖章后退回单位

③ 收款人开户银行受理后，经审核无误后，在进账单的回单上加盖银行印章，退回收款人，作为收款人入账的凭据，收款人据此借记“银行存款”账户，贷记对应账户。

④ 另一联和支票银行留存，作为划转款项和记账凭据。收款人开户银行和付款人开户银行间传递凭证、划转款项。

在实践中，我国一直采用的是现金支票和转账支票，没有普通支票，但《票据法》为了方便当事人，借鉴国外的方法经验，规定了普通支票的形式。在这里，需要特别说明的是，支票除现金支票和转账支票外，还有一种支票，即定额支票。由于定额支票不仅具有特殊用途，实际上还可作为现金使用，除农产品收购单位使用外，其他单位不使用。因此，我们习惯上所说的支票是指现金支票和转账支票两种，不包括定额支票。

（二）支票的适用范围

根据票据法规定，支票结算仅局限于同城或指定票据交换地区内使用，可用于商品交易、劳务供应、资金调拨以及其他款项结算。凡在银行设立账户的单位、个体经营户和个人经开户银行同意，均可使用支票结算。

（三）支票的背书

持票人可以将支票权利转让给他人或者将一定的支票权利授予他人行使。出票人在支票上记载“不得转让”字样的，不得转让。在支票背面或粘单上记载有关事项并签章的行为称为支票的背书。

持票人委托开户银行收款的支票，应做委托收款背书，在支票的背面背书人签章栏签章，记载“委托收款”字样、背书日期，在被背书人栏记载开户银行名称，并将支票和填写的进账单送交开户银行。

支票背书样式如表 7.7 所示。

表 7.7　支票背书

年　月　日	年　月　日	贴粘单处
年　月　日		

持票人持用于转账的支票向付款人提示付款时，应在支票背面背书栏签章，并将支票和填写的进账单交送出票人开户银行。

收款人持用于支取现金的支票向付款人提示付款时，应在支票背面“收款人签章”处签章。持票人为个人的，还需交验本人身份证件，并在支票背面注明证件名称、号码及发证机关。

（四）支票管理原则

支票管理应遵循以下原则。

① 支票一律记名，即签发的支票必须注明收款人名称。

② 支票的付款期自出票之日起 10 天，到期遇节假日顺延。超过付款期的支票，付款人不予付款，出票人银行不予受理。

③ 支票没有结算起点和最高结算限额限制。

④ 签发支票应使用碳素墨水填写或使用支票打印机打印。支票上的各项内容要填写（打印）齐全、内容真实、字迹清晰、数字准确、大小写金额一致。

⑤ 支票签发人不得签发空头支票或印章与银行预留印鉴不符的支票。否则，银行予以退票，并按票面金额处以 5% 但不低于 1 000 元的罚款，持票人有权要求出票人赔偿支票金额 2% 的赔偿金。

⑥ 已签发的现金支票如果遗失，可向开户银行申请挂失，挂失前已经支付的支票，银行不予受理。签发的转账支票遗失，银行不受理挂失。

（五）支票审验

收款人在接受付款人交来的支票时，应注意审核以下内容。

① 支票收款人或被背书人是否确为本收款人。

② 支票签发人及开户银行的属地是否在本结算区。

③ 支票签发日期是否在付款期内。

④ 大小写金额是否一致。

⑤ 背书转让的支票其背书是否连续,有无“不准转让”字样。

⑥ 支票是否按规定用碳素墨水填写,或用支票打印机打印。

⑦ 签发日期、收款人名称、大小写金额、用途等有无更改。

⑧ 有密码的支票是否填写了密码。

⑨ 签发人盖章是否齐全、清楚。

除以上必须审验的内容外,收款人对持票购物人还应查验身份证,摘录身份证号码,并问清联系电话,待货款到达本单位账户以后再行发货,以免造成损失。

(六) 支票交存

1. 出纳向银行交存支票

出纳在向银行交存支票时,应该注意以下几点。

① 出纳人员收到的支票,应按不同银行进行分类,同行的支票放在一起,如收到的是空白支票,应按支票填写规定,将支票的内容填写齐全。

② 按不同的银行分别填写支票进账单(进账单一式三联,第一联是银行交给持票人的受理证明,第二联是收款人开户银行的记账凭证,第三联是开户银行交给收款人的收账通知),然后连同支票送存开户银行。

③ 出纳人员在填写支票进账单时,注意应用双面复写纸填写,日期为交款的当日,出票人和收款人必须填写单位全称,账号和开户银行应填写清楚,金额大小写一致,票据种类和张数如实填写。

④ 填写无误后,将支票和进账单一同交开户银行,银行核对盖章后,将受理证明和收款通知退回交款人。收账通知作为记账凭证记账,受理证明作为备查留存。

2. 收银员向出纳交存支票

收银员向出纳交存支票需要注意以下几点。

① 收银员收到顾客交来的支票,要先审验支票的内容,包括填票日期、收款人名称、大小写金额、印章等是否齐全、正确,如果收到的是空白支票,按要求将支票内容填写完整,然后将支票和销售发票一并交出纳人员,由出纳人员送存银行。

② 收银员在向出纳交支票时,应填写支票交款单一式两份,内容包括收款项目、支票张数、收据张数、总计金额等,出纳人员审核无误后,签字盖章,一联留存,一联退回收银员。

③ 收银员应将收到的支票在备查簿中进行登记,并留存购货单位电话、联系人等,待款项到账后再通知业务人员发货。

工作任务二 发票与印章的管理

企业所有营业资金的收入都离不开发票和印章,因此这两样东西对于一个企业来说至关重要。发票一但盖上企业的印章,就立即生效为表明资金数额的法定票据。如果发票和印章保管不善,一旦同时丢失或被盗,就会给国家和企业造成巨大的经济损失。因此,每一个企业都应做好发票和印章的管理工作。

一、发票管理

(一) 发票的概念和内容

1. 发票的概念

发票是指在购销商品、提供劳务或接受服务以及其他经营活动中，开具的收款、付款凭证。发票分为增值税专用发票和普通发票。

发票的基本联次为三联。第一联为存根联，开票方留存备查；第二联为发票联，收执方作为付款或收款原始凭证；第三联为记账联，开票方作为记账原始凭证。增值税专用发票的基本联次还应包括抵扣联，收执方作为抵扣税款的凭证。除增值税专用发票以外，县(市)以上税务机关可根据实际情况增减联次并确定用途。注意发票三联的作用。

2. 发票的基本内容

发票的基本内容包括发票的名称、字规号码、联次及用途，客户名称，开户银行及账号，商品名称或经营项目，计量单位，数量，单价，大小写金额，开票人，收款人，开票日期，开票单位(个人)名称(章)等。

有代扣、代收、委托代征税款的，其发票内容还应当包括代扣、代收、委托代征税种的税率及代扣、代收、委托代征的税额。增值税专用发票的内容还应当包括购货人地址、购货人税务登记号、增值税税率、税额、供货方名称、地址及其税务登记号。

发票由省、自治区、直辖市税务机关指定的企业印制；增值税专用发票由国家税务总局统一印制。禁止私印、伪造、变造发票。发票还应当套印全国统一的发票监制章。

(二) 发票的领购和领用

企业财务部门领购发票时需要按下列程序办理。

① 依法办理税务登记的单位和个人，在领取税务登记证件后可向主管税务机关申请领购发票。

② 申请单位和个人应当提出购票申请，提供经办人身份证明、税务登记证件或其他有关证明以及单位财务专用章或发票专用章，经主管税务机关审核后，发给发票领购簿，凭发票领购簿核准的种类、数量以及领购方式，向主管税务机关领购发票。

③ 需要临时使用发票的单位和个人，可以直接向税务机关申请办理。

④ 临时到本省、自治区、直辖市以外从事经营活动的单位和个人，应当凭所在地税务机关的证明，向经营地税务机关申请领购经营地发票。

⑤ 临时在本省、自治区、直辖市以内跨市、县从事经营活动领购发票的办法，由本省、自治区、直辖市税务机关规定。

收银台发票用完时，当班收银员可到总收款室登记，在发票领用登记簿上登记注销已用完的发票，并签字领用新发票。

(三) 发票的开具

开具发票时应遵守以下原则。

① 单位和个人在开具发票时，必须做到按发票号码顺序填开，填写项目齐全，内容真实，字迹清楚，逐栏、全部联次一次性如实复写、打印，内容完全一致，并在发票联加盖单位财

务专用章或发票专用章。

② 从事销售商品、提供劳务以及其他经营服务的单位和个人,在对外发生经营业务收取款项时,收款方应向付款方开具发票。未发生经营业务一律不准开具发票。向消费者个人零售商品或提供零星服务的,是否可免予逐笔开具发票,由省级税务机关确定。

③ 使用电子收银机开具发票的企业,需经主管税务机关批准,并使用税务机关统一监制的机外发票,开具后的存根联应当按照顺序号装订成册。

④ 任何单位和个人不得转借、转让、代开发票;未经税务机关批准,不得拆本使用发票;不得擅自扩大发票的适用范围。开具发票的单位和个人应当建立发票使用登记制度,设置发票登记簿,并定期向主管税务机关报告发票使用情况。

⑤ 发票限于领购单位和个人在本省、自治区、直辖市内开具。任何单位和个人未经批准,不得跨规定的使用区域携带、邮寄、运输空白发票;禁止携带、邮寄或者运输空白发票出境。

⑥ 单位在开具发票时应当使用中文。民族自治地区可以同时使用当地通用的一种民族文字。外商投资企业和外国企业可以同时使用一种外国文字。

(四) 发票的保管

发票应由不直接经办货币资金业务的人员保管。在发票保管环节,要建立验收制度、台账报表制度、安全防护制度、岗位责任制度等,具体包括以下内容。

① 发票要有专人保管,并使用专柜,建立专用账表。在保管发票的过程中,要注意防火防盗、防霉烂毁损、防虫蛀鼠咬、防丢失。

② 发票保管要做到手续清、账目清、责任清。

③ 不准相互转借、转让发票。不准出现账实不符的现象。不准擅自处理发票中出现的空白联和其他残次的联次。

④ 已开具的发票存根联和发票登记簿,应当保存 5 年,保存期满,报经税务机关查验后销毁。任何单位和个人不准擅自销毁未满保管期限的发票。

⑤ 发生发票溢余或短缺,未经查明原因和批准,任何人不得擅自调账。

(五) 发票的交账

收银员领用发票时,要在发票登记簿上登记;交回已使用过发票的存根时,发票保管人员要检查存根有无缺页、收入的钱款有没有如数上缴财务部门等。经检查没有问题后,双方签字,再发新的空白发票。发票保管人员要保存好已使用过的发票存根。

二、印章的管理

(一) 印章的概念和分类

1. 印章的概念

印章是单位名称或个人名字的印记,它可以代表一个单位或一个人。凡是盖了印章的文件、合同、信件、票据及有价证券等,都代表着一个单位的行为及其所有权的归属。

2. 印章的分类

印章从性质上可分为公章和私章(个人名章);从制作材料上可分为木质印章、铜质印章和塑料印章;从外观形状上可分为圆形印章、椭圆形印章和方形印章等。其中公章按用途的不同又可分为行政公章和财务公章。通常与资金有关的票据(如支票、汇票、发票等)均盖财务公章,即财务专用章(或票据专用章)。印章样式如图7.1所示。

图7.1　印章样式

单位的一切经济行为均离不开印章,而且货币资金的舞弊行为很多都与印章保管不严有关,因此印章的管理非常重要。加强对印章的管理是防止舞弊行为发生的重要手段。

(二)印章的管理原则

印章管理的一般性原则如下。

① 单位应当加强预留银行印鉴的管理。财务专用章应由专人保管,个人人名章必须由本人或其授权人保管,要确保单位财务专用章和法人代表名章分别由不同的人保管。

② 要特别注意节假日期间、值班期间印章的保管和控制,不能因为休息而失去相互之间的制约。节假日期间更要按照规定,在授权下使用有关印鉴。

③ 各类印章必须分开保管、专人负责,不得将自己保管的印章交他人使用,也不得接受他人保管使用的印章。有关人员因短期出差、出国等而需要由他人暂时保管财务专用章的,必须经过授权并登记在案以备查。

④ 各类印章应严格按规定的业务范围和批准程序使用,不得乱用、错用。各类印章平时不用时应放在保险柜内,做到"人走章收"。财务专用章和法人代表名章如果放入同一个保险柜,必须由两人持不同的钥匙同时使用才能打开。

工作任务三　收银设备的管理

收银设备对于从事商品经营的零售企业来说至关重要,它是收银工作系统的重要组成部分。离开了收银设备,收银工作系统将无法运行,同时也失去了进行收银工作及营销管理的功能。目前,收银设备均为高科技精密仪器,需要精心养护才能维护系统的正常运转,延长其使用寿命。因此,作为收银设备的使用者,收银员应当熟悉各收银设备的管理要求。

一、收银机的管理要求

① 电子收银机由收银员负责日常使用、维护及管理工作。收银员应每天清洁电子收银机与外部相关设备;每月请计算机管理部门人员对收银机键盘、内壳进行一次清理。

② 严格按照电子收银机的开、关机程序操作。开机时应首先打开UPS电源,再开启主

机电源;关机时应先退出收银系统,关闭主机电源,再关闭 UPS 电源,最后盖上防尘罩。工作时严禁用力敲打键盘,以免损坏内部元件;不得随意转动显示器,以免数据线松动或扭断。

③ 严禁在收银机上放置任何物品。不得在收银机周围放置液态物品,以防液体浸入机器。当不小心使液体浸入收银机时,必须立即切断电源,并通知计算机管理人员到场处理。严禁收银员频繁开启和关闭电子收银机。未经计算机管理人员同意,不得随意搬动、拔、插电子收银机后盖的电源线和数据线。

④ 当电子收银机出现故障时,必须立即通知计算机管理人员到场解决,并尽量保护故障现场;如收银机相关设备损坏,必须通知计算机管理人员,将损坏元件交回计算机部处理。

二、扫描器的管理要求

(一) 台式扫描器的管理要求

① 使用前首先将台式扫描器的位置放置正确。接通电源后,绿色指示灯亮,内置马达高速旋转,当听到连续的“嘟嘟”声,并产生垂直向上、纵横交错的激光网,则表示扫描器正常工作。

② 扫描商品条码时,应注意条码是否有断码、变色、模糊等现象。若商品条码正常,应将商品条码朝下,顺箭头方向扫入,如果听到“嘟”的一声响,表示条码信息已被正确输入。

③ 扫描器待机时,应用盖板遮住扫描窗口。若发现扫描器面板上红灯亮、扫描商品时听不到“嘟”的一声响或扫描条码后无商品资料显示等现象,应立即通知计算机管理人员检查维修。

④ 日常工作中应注意扫描器的保养和管理,注意避光、避灰尘,保持扫描窗口表面的清洁,非工作时间必须切断扫描器的电源。

(二) 手持式扫描器的管理要求

① 使用前,应先检查一下设备连接端,看是否插在正确位置。接通电源后,扫描器绿色指示灯亮,同时听到“嘟”的一声响,即表示扫描器工作正常,并处于待机状态。

② 使用时,应注意商品条码是否有断码、变色、模糊等现象;扫描商品时,要手握扫描器手柄,将扫描窗口对准商品条码,注意商品条码与扫描器之间的距离不超过 30 厘米。若扫描器发出“嘟”的声响,则表示商品条码已被正确识别输入。

③ 工作中如有异常现象,如扫描器亮红灯、开机或扫描商品条码时无“嘟”声响、商品信息无显示等现象,此时应立即停止工作,并及时通知计算机管理人员来检查维修。

④ 扫描器待机时,需小心将其放置在托架上;当营业结束关闭收银台时,应切断扫描器的电源。日常工作中应注意扫描器的保养和管理,注意避光、除尘,经常保持扫描器窗口表面的清洁,并注意轻拿轻放,以防碰摔仪器。

三、计算机的管理要求

① 使用前应正确安装计算机,并将其摆放整齐。严禁随意移动、私自拆卸及野蛮操作计算机。经常保持计算机及其周围环境的清洁卫生。严禁随意删除计算机内的各种软件、

数据等。严禁随便修改计算机系统，如系统配置、口令、IP 地址等。

② 严禁使用外来软件，以防感染病毒，破坏机器。确因工作需要使用外来软件时，应报计算机管理部门批准，经计算机管理部门检查后方可使用。

③ 严禁利用计算机及网络设备泄漏公司资料；严禁使用他人的用户名和密码；严禁在一台计算机上开多个用户窗口，操作人员离开时必须退出应用程序；禁止撕毁计算机设备外的标识性文字、封条等；不得利用网络异地传递大批量和大型图形文件。

④ 计算机开、关机必须按以下顺序操作：开机时，先打开 UPS 电源，再打开外围设备（打印机、显示器等）电源，最后开计算机主机电源。营业结束时，先退出所有的应用程序，再退出操作系统，关上主机电源，关好外围设备电源，最后关 UPS 电源。若在使用中计算机出现故障，应立即停止使用，通知计算机管理部门前来维修，严禁自行维修。

四、显示器的管理要求

① 要经常保持显示器的清洁卫生，但不得使用表面粗糙的布或纸擦拭显示器，以防划擦显示器表面，影响显示效果。

② 不要随意转动显示器，如需调整显示器的角度，应双手轻轻地转动，以免数据线松动或扭断而损坏显示器。

③ 工作中如发现显示器异常，应立即和计算机管理部门人员联系，严禁自行拆卸检查。

五、打印机的管理要求

① 经常保持打印机的清洁卫生，不得随意移动和私自拆卸打印机。严禁在换打印纸、色带、墨盒及撕纸时的不当动作或野蛮操作。

② 打印机工作时，收银员应注意看守，如出现卡纸应立即停机处理。

③ 工作中如打印机出现异常，应立即和计算机管理部门人员联系，严禁自行拆卸维修。

六、UPS 电源的管理要求

① 保持 UPS 电源外壳的清洁卫生，严禁把 UPS 电源放在潮湿的地方，不要在 UPS 电源上及其周围放置任何物品。

② 开启计算机设备之前应先开启 UPS 电源，而关闭 UPS 电源之前应先关闭计算机设备。在带电的情况下不得搬动 UPS 电源或拔、插 UPS 上的电源线；严禁在 UPS 电源上接连与计算机无关的设备，以防 UPS 超负荷运转。

③ 当开启或使用中的 UPS 发出报警声及非正常声音时，必须立即通知计算机管理部门人员。未经计算机管理部门人员许可，严禁以任何理由打开 UPS 电源进行检查。

④ 工作中的 UPS 一旦短路，必须立即切断电源，并通知计算机管理部门值班人员到场处理。

复习思考题

一、名词解释

1. 现金结算
2. 现金
3. 坐支
4. 支票

二、简答题

1. 现金存放应注意哪几个方面?
2. 收银员向总收款室交存现金的程序是什么?
3. 支票管理应遵循哪些原则?
4. 审验支票时审核的内容有哪些?
5. 开具发票时应遵守的原则有哪些?
6. 印章管理的一般性原则是什么?
7. 电子收银机的管理要求具体有哪些?

三、实践题

1. 课后到某一企业的财务部门,熟悉真正的支票、发票和印章,并学习有关现金、支票、发票及印章的管理制度。

2. 到企业收银处了解相关收银设备的使用方式及注意事项。

项目八 收银员礼仪

学习目标

通过本项目内容的学习，要求掌握收银员礼仪的相关知识。对收银员礼仪的重要意义有深刻的认识。从收银员仪表礼仪、语言礼仪和行为礼仪三方面加强收银员业务能力的训练和提高，在收银员的实际操作中增强服务意识，提升专业素质。

项目重点

收银员礼仪的重要意义。收银员仪表礼仪、语言礼仪和行为礼仪的具体要求。

工作任务一　收银员礼仪概述

一、礼仪的含义

礼仪是一个国家、一个民族、一个单位的文明程度、社会风尚和道德水准的重要标志，也是一个人的思想觉悟、文化修养、精神风貌的基本体现。

礼仪是指人们在社会生活和工作中，仪容仪表、仪态举止、言语谈吐及相应仪式等方面约定俗成的规范方式，表现律己敬人的过程。

礼和仪既有区别又有联系。一方面，“礼”是内在的，是人们对自己、对他人尊重、敬意的态度；而“仪”是外在的，是人们通过一定的动作、形式等表现出来的“礼”。礼是仪的本质，仪是礼的现象；另一方面，礼和仪密不可分，即内在的“礼”只有以外在的“仪”的形式表现出来并完美的结合起来，才是完整的礼仪。

礼仪的含义，从不同的角度还可以有多种理解。

① 从道德角度看，礼仪是为人处世的行为规范。

② 从修养角度看，礼仪是人的内在素质和修养的外在表现。

③ 从审美角度看，礼仪是一种形式美，是心灵美的外化。

④ 从传播角度看，礼仪是一种信息，通过这个媒介表达出尊重友善的情意。

⑤ 从交际角度看，礼仪是一种技巧，是交际中有效的沟通方式。

⑥ 从民俗角度看，礼仪是接人待物中，约定俗成的示人以尊重友善的习惯做法。

⑦ 从法制角度看，礼仪是维护社会秩序、治国安邦的途径之一。

就个人来讲，礼仪集中反映一个人的个性气质、道德修养、审美情趣、文化品味和文明程度。即是内在素质的外在表现。现代礼仪的本质为在平等基础上的相互尊重。

个人礼仪行为的本质是心态在行为过程中的一种反映，是由个人的礼仪素质决定的。

在现代社会交往中，所谓"礼"是叫人尊敬和关心他人，使之合乎"情理"；所谓"仪"是叫人在行为上恰如其分，使之合乎"事理"。

二、收银员礼仪的形式

收银员礼仪的形式可以从不同的礼仪方面表现出来。仪表礼仪作为收银员工作的形象，是服务场所的形象代表。收银员接触的服务对象是不同身份不同层次的人，服务形象的好坏不仅是收银员个人素质的体现，同时也是一个行业总体素质的体现；收银员的语言礼仪是与服务对象沟通和交流的桥梁，文明的语言、尊敬的称呼、温暖的问候和亲切的交谈会拉近人与人之间的距离，提高服务的效率，并能够处理好突发事件，妥善地解决服务中的问题；收银员的行为礼仪是工作中的重要方面，是向服务对象展示服务工作内容的起点，握手礼仪、电话礼仪和举止礼仪都体现出工作的特色和内涵。

收银员礼仪的各种形式有定法，那就是服务好每一位顾客，但收银员工作又是没有定法，那就是让每一位顾客都满意而归。收银员礼仪不管是什么样的形式，都是以服务为宗旨的。

三、收银员礼仪的重要意义

收银员等同于财务人员，财务工作者是公司的血脉，做得好是职业高手，做得不好就是职业杀手，收银员重要性显而易见。收银员是整个超市中直接对顾客提供服务的人员，可以说是超市的亲善大使，其一举一动，都代表超市对外的形象。如果每一位收银员在为顾客提供服务时，都能面带微笑地招待顾客，必能使顾客感到愉快及亲切，相反，即使是一个小小的疏忽，都可能让顾客对整个超市产生不良的观感。尤其在目前市场竞争激烈的情况下，亲切友善的服务以及良好顾客关系的建立，已经成为服务业成功的基础。

（一）收银员对公司的责任

收银员是公司整体服务质量好坏的集中体现，要求做到心理素质好，有较高的自身涵养；对客人说话时要口齿伶俐、语言清晰、简练、温和、自然得体、大方、面部始终带有微笑，语言要使用普通话；衣着要整洁、整齐，不许染发、留奇异发型，不许着浓妆、染指甲、佩戴与工作无关的饰物；不许吃带有异味的食品。收银员在作账时如果不按公司财务规章制度进行，会造成公司利益有损，所以在作账时一定要做到"当日账目当日完成"，不准有弄虚作假现象，如有发现，收银员要承担相应责任。

（二）收银员对顾客的责任

收银员在提供结账服务时要有亲和力；发现问题及时和营业员、店长沟通，以减少错误和损失；动作迅速而且必须准确；顾客在掏钱时不准瞄准顾客钱包；杜绝错误；如出现损害顾客利益现象，承担相应责任。

总之，作为收银员对待工作要做到一丝不苟，大公无私，不多收、少收客人的现金，严格遵守财务规章制度，按规定办事，不弄虚作假，原则上的问题要多请示、勤汇报，因自作主张或责任心不强出现账亏、钱亏，责任自负；把好经济关，一切以大局为重，个人利益服从集体利益，严字当头；做好本职工作，除了店内员工，不能向任何人讲经营数字，不许自作主张少收客人的现金，工作中光明磊落。出现挪用公款、贪污钱财者，视情节轻重给予罚款、开除或送司法机关处理。

工作任务二　收银员仪表礼仪

对于一个卖场来说，收银员工作的好坏，不仅关系到卖场经营的好坏，同时也直接影响到卖场在消费者心目中的形象。所以对收银员作业的管理既要细化到收银员作业流程的每一个细节，还要对收银员礼仪进行规范。

一、仪表礼仪的含义

图 8.1　收银员仪容仪表

仪表是指人的外表，它包括容貌、姿态、风度以及个人卫生等方面。仪容在某种程度上也是仪表所包括的内容，泛指人的外观、外貌。由于仪表与仪容在日常交往中最直观地呈现在交往对象的面前，可以直接反映出个体的心理健康状况，因此仪表与仪容如何，不仅引起交往对象的特别关注，而且可以影响到交往对象对行为主体的评价。

对收银员仪容仪表的总体要求：面必净，发必理，衣必整，钮必结，头容正，肩容平，胸容宽，背容直，气象勿怠，着色家和、宜静、宜庄。如图 8.1 所示。

二、收银员的容貌礼仪

（一）清爽的发型

① 收银员的头发应梳理整齐，保持头发清洁，经常洗头、剪发。

② 剪发不可遮住眉毛，发型造型不得过于夸张、怪异，不得将头发染成黑色以外任何其他颜色。

③ 头发应整理得体，过肩长发必须束扎盘结，头饰造型不得过于夸张、颜色不得鲜艳。

④ 发型美观大方，经常梳理头发，不得有头屑。男员工不留长发、大鬓角、小胡子。女员工不梳披肩发型，以留短发为宜，避免使用色泽艳丽、形状怪异的发饰。

（二）整洁的制服

① 每位收银员的制服，包括衣服、鞋袜、领结等，必须保持一致并且维持整洁、不起皱。

② 执勤时，员工识别证、职位配章必须记得佩戴，别挂在统一且固定的位置。

③ 勤洗澡换衣，经常洗换工装，身上无异味。

（三）适度的化妆

① 收银员化点淡妆可以让自己显得简单、大方并富有朝气，切勿浓妆艳抹，反而造成与顾客之间的距离感。

② 口红的颜色要适中，要与自己的肤色相应，给人恰如其分的感觉。

（四）洁净的双手

① 超市经营的商品绝大部分属于食品，收银员在为顾客服务的时候要直接接触顾客选择的商品，所以要保持手部清洁，若收银员的指甲藏污纳垢，会使顾客感觉不舒服。

② 指甲必须短而干净，经常修剪指甲，不得留长指甲，过长的指甲也会造成工作上的不便。

③ 女员工不得涂有色指甲油。

三、收银员的服饰礼仪

① 工作时间不得佩戴有色眼镜。

② 除了手表以外，可佩戴无镶嵌物的戒指一枚，不得佩带大圈或带坠耳环，不得戴项链、手链或脚链，以免妨碍工作。

③ 工装拉链必须拉上，长袖衬衣需扣紧袖口，衬衣下摆应扎放在裤、裙内，着长裤时要用皮带。

④ 着裙装时，应穿长袜，长袜不得短于裙子的下摆，并一律为肉色。衬衣钮扣必须扣好。

⑤ 胸卡填写的内容需规范齐全，外套和内芯无破损、污渍。

⑥ 左胸处端正地佩戴服务牌。胸卡一律佩戴于制服外衣的左胸，不得佩戴无照片或经涂改的胸卡。

⑦ 不得穿拖鞋、凉鞋、草鞋或雨靴。

⑧ 按规定着装，服装熨烫平整，洁净无油渍，纽扣齐全无破绽。

⑨ 鞋袜洁净，黑色皮鞋清洁光亮无破损。男员工袜子一般为黑色，女员工袜子应与肤色相近，袜口不外露。

四、收银员的精神面貌

收银员必须身体健康，五官端正，精力充沛。收银员的服装仪容整洁、简单、大方，并富有朝气。仪表、仪容整洁、得体，态度热情、真诚，心态平和，这些是收银员必须具备的基本条件，它反映出收银员良好的素质和修养，以及对工作的自信和责任感。

如果每一位收银员在为顾客提供服务时，都能面带微笑地招呼和协助顾客，并且和顾客稍做家常式的谈话，将使顾客在购物之余，还能感受到愉快及亲切的气氛。也许顾客并不会当面称赞或感谢，但是顾客愿意再度光临，就是答谢工作人员的最好证明。因此，每一位收银员皆应谨记超市并非只有一家，顾客可以选择光临或不光临，所以一定要提供最好的服务，让顾客再次惠顾。

工作任务三 收银员语言礼仪

一、语言礼仪的含义

图 8.2 收银员语言礼仪

语言礼仪是指语言应具有的礼仪规范,给人以美的感受,从而使组织与公众相互理解、协调、适应,树立良好的形象。

语言礼仪具有情感化、适合语境和繁简适当的基本特征。礼貌语是最明显的情感性语言符号,以声传意,以声传情,人的喜怒哀乐都由声音直接表达出来。

在适当的时机与顾客打招呼,不仅可以缩短顾客和收银员之间的距离,建立良好的关系,还可以活跃卖场的气氛。只要收银员能够友善、热心的对待顾客,顾客亦会以友善的态度来回馈收银员。如图 8.2 所示。

(一) 常用的待客用语

收银员与顾客应对时,除了应将“请”、“谢谢”、“对不起”随时挂在口边之外,还有以下一些常用的待客用语。

① 欢迎光临/您好!(当顾客走近收银台或服务台时)

② 对不起,请您稍等一下。(欲离开顾客,为顾客做其他服务时,必须先说这句话,同时将离开的理由告知对方,例如“我马上去仓库查一下”)

③ 对不起,让您久等了。(当顾客等候一段时间时)

④ 是的/好的/我知道了/我明白了。(顾客在叙述事情或接到顾客的指令时,不能默不吭声,必须有所表示)

⑤ 谢谢! 欢迎再度光临。(当顾客结束购物时,必须感谢顾客的惠顾)

⑥ 总共××元/收您××元/找您××元。(为顾客做结账服务时)

(二) 状况用语

1. 遇到顾客抱怨时

应先将顾客引到一旁,仔细聆听顾客的意见并予以记录。如果问题严重,立即请主管出面向顾客解说。其用语为:“是的,我明白您的意思。我会将您的建议呈报店长并且尽快改善,或者您可以直接告诉店长。”

2. 顾客抱怨买不到货品时

向顾客致歉,并且给予建议。其用语为:“对不起,现在刚好缺货,让您白跑一趟,您要不要先买别的牌子试一试?”或者“您要不要留下您的电话和姓名,等新货到时立刻通知您。”

3. 不知如何回答顾客的询问,或者对答案没有把握时

遇到此种情况,绝不可回答“不知道”,应回答“对不起,请您等一下,我请店长(或其他主管)来为您解说。”

4. 顾客询问商品是否新鲜时

以肯定、确认的态度告诉顾客:“一定新鲜,如果买回去不满意,欢迎您拿来退钱或者

换货。”

5. 顾客要求包装所购买的礼品时

微笑的告诉顾客:“好的,请您先在收银台结账,再麻烦您到前面的服务台(同时比手势,手心朝上),有专人为您包装。”

6. 当顾客询问特价品讯息时

口述数种特价品,同时拿宣传单给顾客,并告诉对方:“这里有详细的内容,请您慢慢参考选购。”

收银员应该禁忌的表现有如下几种。

① 收银员在为顾客做结账服务时,从头至尾不说一句话,只是闷着头操作收银机,脸上也没有任何表情。

② 找钱给顾客时,未将零钱以双手交给对方点数,而是将发票及零钱放在收银台上,即进行装袋工作,或进行下一笔结账作业。

③ 为顾客做装袋服务时,不考虑商品的性质,全部放入同一购物袋内,或者将商品丢入袋中。

④ 顾客询问是否还有特价品时,收银员以不耐烦的口气用一句话来打发顾客。例如:“不知道!”;“你去问别人!”;“卖光了!”;“没有了!”;“货架上看不到就没有了!”;“你自己再去找找!”等等。

⑤ 收银员彼此互相聊天、谈笑,当有顾客走来时,往往不加理会或自顾自地做事。等到顾客开口询问时,便以敷衍的态度回答,然后继续聊天或做自己的事。

⑥ 当顾客询问时,只是让对方等一下,即离开不知去向。由于没有告诉对方离去的理由,使顾客不知所措,到底要不要等或等多久。

⑦ 在顾客面前,和同事议论或取笑其他的顾客。

⑧ 当顾客在收银台等候结账时,负责该柜台的收银员突然告之顾客:“这台机不结账了,请到别的收银机去”,并立即关机离开。让排队的顾客浪费了许多时间又必须重新排队。

二、称呼的礼仪

称呼礼仪是指服务接待人员在与顾客或他人接触过程中交谈、沟通信息时恰当使用称谓的行为。

人际交往中,选择正确、适当的称谓,反映着自身的教养、对对方尊敬的水平,甚至还体现着双方关系发展所达到水平和社会风尚,因此对它不能随便乱用。

选择称呼要合乎常规,要照顾被称呼者的个人习惯,入乡随俗。工作岗位上,人们相互之间的称谓是有其特殊性的,要庄重、正式、规范。

1. 职务性称呼

以交往对象的职务相称,以示身份有别、敬意有加。这是一种最常见的称谓,有三种情况:称职务、职务前加上姓氏、职务前加上姓名(适用于极其正式的场所)。

2. 职称性称呼

对于具有职称者,尤其是具有高级、中级职称者,工作中直接以其职称相称。称职称时可以只称职称、职称前加上姓氏、职称前加上姓名(适用于十分正式的场所)。

3. 行业性称谓

工作中,有时可按行业进行称呼。对于从事某些特定行业的人,可直接称呼对方的职业

(如老师、医生、会计、律师等),也可以在职业前加上姓氏、姓名。

4. 性别性称呼

对于从事商界、服务性行业的人,一般约定俗成地按性别的不同分别称谓“小姐、女士”或“先生”,“小姐”称未婚女性,“女士”称已婚女性。

5. 姓名性称呼

工作岗位上称呼姓名,一般限于同事、熟人之间,有三种情况:可以直呼其名;只呼其姓,要在姓前加上“老、大、小”等前缀;只称其名,不呼其姓,通常限于同性之间,尤其是上司称呼下级、称呼晚辈,亲友、同学、邻里之间,也可使用这种称呼。

作为收银员,因与顾客接触时间短暂,所以可以根据顾客的年龄进行客气的称呼,以得体、亲切为主。年龄长者可以称为“大爷”“大叔”“大娘”“大妈”或者是“老人家”“阿姨”等都可以,年龄不好判断的人就采取模糊的称呼,或直接与顾客交流服务项目就可以。不要因为乱称呼而引起不必要的麻烦。

三、问候的礼仪

问候是服务接待人员在日常工作中结合时间、场合及对象的特点,所使用的向客人表示亲切问候、关心及祝愿的语言。

见面问候是我们向他人表示尊重的一种方式。见面问候虽然只是打招呼、寒暄或是简单的三言两语,却代表着我们对他人的尊重。

(一) 问候的内容

问候内容分为两种,分别适用不同场合。

1. 直接式

所谓直接式问候就是直接以问好作为问候的主要内容。它适用于正式的交往场合,特别是在初次接触的陌生商务及社交场合,如:“您好”、“大家好”、“早上好”等。

2. 间接式

所谓间接式问候就是以某些约定俗成的问候语,或者在当时条件下可以引起的话题,主要适用于非正式、熟人之间的交往。比如:“最近过得怎样”、“忙什么呢”、“您去哪里”等,来替代直接式问好。

(二) 问候的态度

问候是敬意的一种表现,态度上一定要注意以下几方面。

1. 主动

向她人问候时,要积极、主动。同样,当别人首先问候自己之后,要立即予以回应,千万不要摆出一幅高不可攀的样子。

2. 热情

向她人问候时,要表现得热情、友好、真诚。毫无表情,或者拉长苦瓜脸、表情冷漠地问候不如不问候。

3. 大方

向她人问候时,主动、热情的态度,必须表现得大方。矫揉造作、神态夸张,或者扭扭捏捏,反而会给人留下虚情假意的坏印象。而且一定要专注。问候的时候,要面含笑意,与她人有正面的视觉交流，以做到眼到、口到、意到。不要在问候对方的时候，目光游离、东张西望，这样会让对方不知所措。

（三）问候的次序

在正式场合，问候一定要讲究次序。

1. 一对一的问候

一对一，两人之间的问候，通常是“位低者先问候”。即身份较低者或年轻者首先问候身份较高者或年长者。

2. 一对多的问候

如果同时遇到多人，特别在正式会面的时候，这时既可以笼统地加以问候，比如说“大家好”；也可以逐个加以问候。当一个人逐一问候多人时，既可以由“尊”而“卑”、由“长”而“幼”地依次而行，也可以由“近”而“远”依次而行。

四、交谈的礼仪

（一）尊重是交谈礼仪的前提

1. 态度

尊重对方、谦虚礼让。善于理解对方，然后因势利导地谈论话题。对别人的谈话，应认真倾听，并鼓励引导对方阐明自己的观点。正确的意见，应表示赞同。不同的看法，若无原则性问题，可以姑且听之，不必细究；若是事关原则，可以婉转相告，表述自己的看法，但不要咄咄逼人，使别人难堪。要避免一切直接触犯他人感情的话。言谈中，要避免一切独断的言论。

2. 形体动作

两人交谈时，最好目光交流持同一水平。说话时不要东张西望，也不要目不转睛地盯着对方或目光冷漠地看着对方。谈话时也可以适当运用一些手势来加强语气、强调内容。但手势不能太多和幅度过大。切忌用手指点对方。

3. 语速和音量

尽可能吐字清晰，不快不慢。声音要适中，以对方能够听清和不妨碍他人交谈为宜。

（二）应答礼仪

应答礼是服务人员在工作中回答顾客询问时所表现出的礼仪行为。使用应答礼时应该注意以下几种情形。

① 应答顾客询问要站立答话，而且思想集中，全神贯注地聆听；不能侧身，或目视别处，或心不在焉，或说话有气无力，提倡边听边记录的职业习惯。

② 应答顾客提问或征询有关事项时，语言应简洁、准确，语气婉转，声音大小适中，不能随心所欲地谈天说地，或声音过大，或词不达意。

③ 如果顾客讲话含糊不清或语速过快时，可以委婉地请顾客复述，不能听之任之，凭主观臆想随意回答。

④ 回答多位顾客询问时，应从容不迫，按先后次序、轻重缓急，一一作答，不能只顾一位顾客，而冷落了其他顾客。

⑤ 对于顾客提出的无理要求，需沉得住气，或婉言拒绝，或委婉地回答："可能不会吧"、"很抱歉，我确实无法满足您的这种要求"，表现得有教养，体现出有风度而不失礼。

⑥ 对于顾客直率的批评指责，如果确实属于员工操作不当或失职所致，应首先向顾客道歉，对顾客的关注表示感谢，并立即报告或妥善处理。

⑦ 在应答顾客各种询问时，最重要的是：只要答应顾客要办的事，应该言而有信、迅速地按要求去办理，不能敷衍了事，疏忽遗漏。

工作任务四　收银员行为礼仪

一、介绍的礼仪

（一）介绍的种类

介绍有两种：第一种——自我介绍；第二种——介绍他人。

自我介绍有 4 个要点需要注意。

① 最好是先递名片再介绍。交换名片时有个时机的问题，一见面就把名片递过去，再重复下自己的名字。

② 自我介绍时间要短，越短越好。一般自我介绍半分钟以内就完全可以结束了，训练有素。

③ 内容要全面。自我介绍一般包括 4 个内容，单位、部门、职务、姓名。要训练有素，一气呵成。

④ 倘若单位和部门头衔较长的话，第一次介绍的时候使用全称，以后才可以改简称。所以在国际交往中，用字母来做简称，或者以中文来做简称，一定要注意，先讲全称，再讲简称，否则容易南辕北辙。

介绍别人比较重要的是谁当介绍人。社交场合的惯例，介绍人一般是女主人。在国际交往中介绍人一般是三种人。第一种是专业对口人员。第二种是公关礼宾人员。第三种，如果对方是贵宾的话，礼仪上讲身份对等，就是在场的人里职务最高的。

（二）介绍的礼仪形式

介绍的礼仪形式分为正式介绍和非正式介绍两种。

1. 正式介绍的礼仪

在较为正式、郑重的场合，有两条通行的介绍规则：其一是将年轻的人介绍给年长的人；其二是将先生介绍给女士。在介绍过程中先提某人的名字是对此人的一种敬意。比如要将一位姓张的先生介绍给一位姓王的女士，就可以作如下介绍："王××，让我把张××介绍给你好吗？"然后给双方作介绍："这位是王××，这位是张××。"假如女方是你妻子，那你就先介绍对方，后介绍自己的妻子，这样才能不失礼节。如果把一位年轻的女同志介绍给一位德高望重的长辈，则不论性别，均应先提这位于长辈。在介绍时，最好是姓名并提，还可附加简短的说明，像职称、职务、学位、爱好和特长等。

2. 非正式介绍的礼仪

如果是在一般的、非正式的场合,则不必过于拘泥礼节,假如大家又都是年轻人,就更应以自然、轻松、愉快为宗旨。介绍人一句:“我来介绍一下”,然后即作简单的介绍,也不必讲究先介绍谁,后介绍谁的规则。最简单的方式莫过于直接报出被介绍者各自的姓名:“王芳—张力”。也不妨加上“这位是”、“这就是”之类的话以加强语气,使被介绍人感到亲切和自然。

除非情况特殊,人们一般都不习惯毛遂自荐,主动地自报姓名。如果你基于某种理由要知道某人的名字,最好是先找个第三者问一问:“那位穿西装裙的是谁呀?”然后在你和这位穿西装裙的××见面时就可以说:“你好,××。”无论如何不要莽撞问人家:“你叫什么名字?”这显得唐突。如果万不得已也应该说得婉转一点:“对不起,不知该怎么称呼您。”这也是建立新的社会关系的良好开端。

二、握手的礼仪

怎样握手才能到位?握多长时间才算恰如其分?这些都非常关键。因为手与手的礼貌接触是建立第一印象的重要开始,所以,你一定要使你的握手有感染力,使握手达到良好的效果。一般原则是先女后男,先主后宾,先长后幼,先已婚后未婚。

1. 男女平等:谁先伸手

一般说来“先下手为强”,女士、年长者和职位高者应该先伸手。但是,有些女士不懂这些礼仪,看到对方很不顺眼就故意矜持地拒不伸手,这是很不专业的表现。

当你碰到年轻女领导时,男女应该同时伸手。如果对方不主动伸手,你可以主动出击,对方出于礼尚往来的考虑,也会伸出手回应你,但这里要注意出手的时机,要把握好这个“寸劲”。

2. 蜻蜓点水:不要太温柔

男女授受不亲的时代已经过去,那些仍然矜持“笑不露齿”的女性在握手时通常都是轻拂而过,如鹅毛般轻盈,这不是礼仪所倡导的。在握手时都应该本着“坚定有力”的宗旨,用心去和对方握手。这样方显自信、诚恳的本色。

3. 东张西望:我的眼里没有你

在大型聚会中,许多人的通病是一边握手一边寻觅,东张西望地寻找大人物。大人物身影一露,立即甩手直奔“主题”而去。这既是对正在握手伙伴的不敬,也反映了自身的不专业作风。一般来讲,“势利小人”、典型官僚握手时才会不注视着对方而左顾右盼。

握手是双方互动交流的开始,眼睛要注视着对方,没有眼神交流的握手缺乏诚意,不能得到对方的认同,更别提好感了。

4. 分秒必争:握手时间长与短

从实际的角度讲,长时间握手也不可取。握手时间太长势必耽误正事,影响效率,而且求得别人帮助的恳切程度,也并不靠握手的时间长短来表现,更不是几句求助的话就能打动人心。

国际规范的握手以坚定有力地“共振”两下即可,但具体时间长短需要视双方感觉而定。

5. 摇摆:有幅有度

“老乡见老乡,两眼泪汪汪”,这种拉住对方的手像火车车轮般来回摇动的握手方式虽然诚恳,而且能表达你见到老朋友、老熟人时的激动,但并不是专业的握手。在正式场合,即使是老熟人，也应有礼有节、有幅有度地握手。

6. 单手握还是双手握

一般国际上规范的握手方式是：单手才是礼节。单手握当然能显得你比较精明能干，但是这种国际化、专业化的握手方式并不一定非得拿你的中学老师来当“陪练”。见到久违的恩师，还是双手紧握更能表达真情实意。

7. 手套手套：近乎远乎

北方天气比较冷，应聘者可能会带着手套前去应聘，你都应该主动摘手套以示尊重。

三、电话的礼仪

（一）接听电话的一般礼仪

① 迅速接听。听到电话铃声，应迅速地拿起听筒，在三声之内接听。

② 通话开始要问候，常用“您好”，然后自报家门或自我介绍。如果是在单位接电话，要报出单位或部门的名称：“您好，××。”如果需要，还可表达愿意为对方效劳。如：“您好！××。很高兴为您服务。”

③ 通话过程中，应当根据具体情况适时选择运用“谢谢”、“谢谢贵公司的信任”、“请问您还有其他需要吗”、“请”、“对不起”一类礼貌用语。

④ 认真聆听，弄清来电话的目的、内容。每个公务电话都重要，不可敷衍。如果对方要找的人不在，切忌只说“不在”就把电话挂了，要尽可能问清事由委婉地探求对方来电目的，如自己无法处理，也应认真记录下来，避免误事，这样还可以赢得对方的好感。

⑤ 认真清楚地记录。接电话时最好是左手拿话筒，这样做是为了便于右手记录或查阅资料。电话记录既要简洁又要完备。在记录时应牢记“5W1H”技巧，详细记下“When—何时、Who—何人、Where—何地、What—何事、Why—为什么、How—如何进行”等内容，并保留相关资料。认真记录对接、打电话，具有相同的重要性。

⑥ 如果主动结束通话一般应征求对方意见，如：“就谈到这里，好吗？”、“您看，这样行吗？”还要轻缓地挂上电话。

（二）拨打电话的一般礼仪

① 选择恰当的时间打电话。有三个时段不宜打电话给别人：工作日早上7点以前、节假日9点以前，三餐时间，晚上10点以后。办公电话宜在上班时间10分钟以后和下班时间10分钟以前拨打。

② 做好打电话前的准备，如通话内容、相关资料、记录本等。

③ 电话接通时必须先问候、确定对方的身份或名称，再自报家门，然后再告知自己找的通话对象以及相关事宜。

④ 通话内容表达要尽量简洁明了，注意控制时间，一次电话的通话时间一般控制在三分钟为宜。

⑤ 结束通话，一般由打电话的一方提出，应客气地道别，说一声“谢谢，再见”。

⑥ 拨号后如无人接听，应待电话声响六七声后再挂断。如果要找的通话对象不在需道谢，拨错电话要道歉。

（三）接打电话的共同要求

1. 用语文雅礼貌

使用文雅、礼貌的语言是对通话对象尊重的直接体现，也是个人修养的基本功。

2. 用语准确规范

用语规范首先是要求使用国家宪法明确规定推广的普通话，力求语音标准、吐词清晰，用词规范、表达准确。

3. 语调自然，语气温婉

为了达到良好的通话效果，通话中要注意语音、语调、语气等方面问题，力求语调自然，语气温婉。另外，通话中注意让话筒与嘴部保持2～3厘米的距离，能帮助保持音量的适度。

4. 面带微笑

面带微笑虽然不是对语言的直接要求，但能够直接影响有声语言的声音色彩及情感表达。

四、举止的礼仪

收银员在工作时应随时保持笑容，以礼貌和主动的态度来接待和协助顾客。与顾客应对时，必须带有感情，而不是表现出虚伪、僵化的表情。

当顾客发生错误时，切勿当面指责，应以委婉有礼的口语为顾客解说。

收银员在任何情况下，皆应保持冷静与清醒，控制自身的情绪，切勿与顾客发生争执。

（一）站姿

要求：头端目正，下颌微收，双肩平正并稍向后张，右手放在左手上，虎口交叉相握，自然垂直放于体前。挺胸、收腹、提臀；双膝尽量靠拢，脚尖成30°张开（其间距以一拳为宜），脚跟并靠，身体重心自两腿间垂直向下，全身重量均匀分布于双脚，不集中于脚跟或脚尖。

（二）坐姿

要求：头部端正，上身平直，上鄂稍向前送，目光目视前方；挺胸，直腰，身体重心集中在腰部，双手自然放于腿上，两腿并拢，双膝相靠，腿自然弯曲，小腿与地面垂直，双脚并拢平放于地面，两脚前后放置时相差不超过半个脚长。

（三）步姿

要求：上身平直端正，稍向前倾（3°～5°），双眼平视前方，两肩左右相平，不前后左右摇晃，行走时，双手五指自然并拢，两臂以肩为轴自然摆动，前摆时肘关节稍微弯曲，后摆时幅度不宜过大（30°～35°度），不用力甩腕，双腿在行走过程中直而不僵，走步时，脚尖方向要端正，双脚沿直线平行向前，步幅不宜过大，步频不宜过快。

（四）手势

要求：指引手势，五指并拢，掌心朝上，手臂以肘关节为轴，自然从体前上扬并向所指方向伸直（手臂伸直后应比肩低），同时上身前倾，头偏向指示方向并以目光示意；交谈手势，与人交谈使用手势时，动作不宜过大，手势不宜过多，不要用手指向自己（应用手掌轻按左胸），不要击掌或拍腿，更不可手舞足蹈。

（五）微笑

要求：甜美，要温和友好，自然亲切，恰到好处，给人以愉快、舒适、动人的感觉。微笑要真诚、发自内心，是内心喜悦和真实的流露。始终如一，每位员工在任何时候，任何场合，对任何人都应微笑相待。练习时要培养敬业爱岗、乐业的思想，同时加强心理素质的锻炼，提高自身的素质。

复习思考题

一、名词解释

1. 仪表礼仪
2. 语言礼仪
3. 行为礼仪

二、简答题

1. 通过各种渠道对自己所在城市的收银员岗位工作现状进行调查，谈谈收银员岗位中存在的问题，并提出自己的建议。

2. 如果你是某商场的经理，请设计一套对收银员进行礼仪培训的方案。

三、案例分析题

以下为接听电话礼仪的事例：台湾林宇女士打电话给时光公司的高琦先生洽谈事务。

甲：时光公司，您好！请问您找谁？

乙：请问高琦在吗？

甲：请问您是哪里？

乙：我是台湾林宇。

甲：麻烦您稍等，我帮您转接，看他在不在。

乙：谢谢您！

甲：林小姐，很抱歉！高琦出去还没回来呢！请问您有什么事需要我转告他。

乙：麻烦您帮我转告高琦，录像带的脚本我已经 E - mail 到他的邮箱中，请他回来看看有没有需要修改的地方。

甲：好的，我会转告高琦您已经把脚本 SEND 过来了。

乙：谢谢您！

甲：不用客气！

乙：再见！

请回答下列问题。

1. 假设正在电话里和一个客户谈生意时，另一部电话突然响起。将怎样应付这种局面？

2. 如果有个电话是您接听的，所找之人为您的同事，而您的同事恰巧不在。请简要设计一下电话记录。

四、实践题

1. 结合本项目所学的知识，同学以小组为单位设计收银员的岗位情景，练习操作礼仪规范。

2. 模拟收银员礼仪的情景，让各小组同学挑出同学表演中的错误礼仪，并进行改正。

尊敬的老师：

您好。

请您认真、完整地填写以下表格的内容（务必填写每一项），索取相关图书的教学资源。

教学资源索取表

<table>
<tr><td>书　名</td><td colspan="3"></td><td>作者名</td><td></td></tr>
<tr><td>姓　名</td><td colspan="2"></td><td>所在学校</td><td colspan="2"></td></tr>
<tr><td>职　称</td><td colspan="2"></td><td>职　　务</td><td>职　　称</td><td></td></tr>
<tr><td rowspan="2">联系方式</td><td>电　话</td><td colspan="2"></td><td>E-mail</td><td></td></tr>
<tr><td>QQ号</td><td colspan="2"></td><td>微信号</td><td></td></tr>
<tr><td colspan="2">地址（含邮编）</td><td colspan="4"></td></tr>
<tr><td colspan="3">贵校已购本教材的数量（本）</td><td colspan="3"></td></tr>
<tr><td colspan="2">所需教学资源</td><td colspan="4"></td></tr>
<tr><td colspan="2">系/院主任姓名</td><td colspan="4"></td></tr>
</table>

系 / 院主任：________________（签字）

（系 / 院办公室公章）

20_____年____月____日

注意：

① 本配套教学资源仅向购买了相关教材的学校老师免费提供。

② 请任课老师认真填写以上信息，并请系 / 院加盖公章，然后传真到（010）80115555 转 718438 索取配套教学资源。也可将加盖公章的文件扫描后，发送到 fservice@126.com 索取教学资源。欢迎各位老师扫码关注我们的微信号和公众号，随时与我们进行沟通和互动。

③ 个人购买的读者，请提供含有书名的购书凭证，如发票、网络交易信息，以及购书地点和本人工作单位来索取。

微信号　　　　公众号

中国工信出版集团　电子工业出版社 PUBLISHING HOUSE OF ELECTRONICS INDUSTRY

反侵权盗版声明

举报电话：(010)88254396；(010)88258888
传　　真：(010)88254397
E－mail　：dbqq@phei.com.cn
通信地址：北京市万寿路173信箱
　　　　　电子工业出版社总编办公室
邮　　编：100036